KB247821

원제 **上級の力をつける聴解ストラテジー**

川口さち子·桐生新子·杉村和枝·根本牧·原田明子 공저

일본어 으뜸
(주)시사일본어사
book.japansisa.com

일본어학교나 대학의 별과나 학부 유학생 수업 등을 담당하는 현장의 일본어 교사분들로부터 상급임에도 청해력이 매우 약한 학습자가 많다는 이야기를 자주 듣습니다.

청해는 종합적 지식·능력을 필요로 하기 때문에 실력을 늘리는 것은 어렵다고들 하며, 그렇기 때문에 독해 실력, 문법 실력이 상급이라도 청해 실력이 그 레벨에 도달하지 않는 학습자가 많은 것일 겁니다. 그러나, 청해 지도가 제대로 되고 있지 않다는 것도 이러한 불균형의 원인이 되고 있는 것은 아닐까요?

청해가 다른 기능에 비해 떨어지는 학습자는 우선 표기와 음성의 청각 인상의 차이를 의식하는 훈련을 받지 못해서, 그 때문에 들은 음을 정확하게 문자로 바꾸는 것이 되지 않을 가능성이 있습니다. 또, 청해 수업 등에서 버텀 업(bottom up)식의 학습 방법에 익숙해졌기 때문에, 하나 하나의 단어를 알아듣지 않으면 대화의 이해는 불가능하다고 생각하고, 내용 전체를 전체적으로 파악하는 톱 다운(top down) 식의 학습 방법이 익숙치 않은 것은 아닐까요?

본 책은 상급 수업의 학습자의 청해 실력 향상을 위해 필요한 전략을 소개하고, 그 전략들을 의식화하는 지도를 계속 해 나감에 따라 학습자 스스로가 청해력을 올리기 위한 단서를 익히게 하기 위한 취지로 작성된 교재입니다. 교실에서는 청해 전략의 필요성을 지도하면서 진도를 나아가도록 사용하면 보다 효과적일 것이라 생각합니다. 또 지금까지 청해 지도로 고생했던 교사분들에게 있어서도 사용하기 쉬운 구성으로 되어 있어 조직화된 청해 수업을 할 수 있을 거라 생각합니다.
독학하는 학습자 분들에게도 이해할 수 있도록 전략을 알기 쉽게 설명했습니다.

본 책이 여러 일본어교육기관이나 개인 등, 많은 일본어 학습자의 청해실력 향상에 조금이나마 도움이 되기를 기원합니다.

저자 일동

청해 전략이란

보통 사람이 무언가를 들을 때 모국어 화자라도 한 글자, 한 문장을 전부를 알아 들을 수는 없습니다. 자신이 얻고 싶은 정보만을 주의해서 듣거나 키워드를 캐치해 주제를 파악하거나 대략적인 전체 내용을 파악하는 것입니다. 즉, 듣기에는 어떤 요령이 있을 겁니다.

일본어를 학습하는 경우에도 단지 수동적으로 듣거나, 요령을 모르고 음 하나씩을 따라가는 것으로는 효과는 없고 청해 실력도 좀처럼 늘지 않습니다. 어떤 일을 습득하는 데에도 요령이 있듯이 청해 실력을 올리는 것에도 요령이 있습니다. 본 책에서는 이것을 「청해전략」이라고 부르고 어떻게 하면 이런 전략들을 익히고, 보다 효과적으로 청해 실력을 향상할 수 있을 것인가를 고민, 여러가지 전략으로 나눠서 편집했습니다. 학습자는 특정 전략을 의식한 연습을 통해 실생활에서도 자연스럽게 그런 전략들을 사용할 수 있게 되어 스스로 청해 실력을 늘려 나갈 수 있을 것입니다.

본 교재의 대상

본 교재는 일본어능력시험의 N1 합격을 목표로 하는 학습자, 그리고 일본유학시험을 보는 대학에서 공부하고 싶은 학습자, 혹은 일본어 학원이나 대학 등에서 이미 상급 수업을 듣고 있거나, 일본어 능력시험 1급에 합격했지만 청해 실력을 좀 더 키우고 싶은 학습자를 대상으로 합니다.

본 교재의 구성

본 책은 총 8장으로 구성되어 있으며, 장마다 청해의 목표, 청해 방법 등이 설정되어 있어 전체 7개의 청해 전략이 소개되어 있습니다. 본 책의 연습문제는 반드시 1장부터 순서대로 배치되어 있는 것이 아니므로, 오히려 순서에 상관없이 하고 싶은대로 여러 개의 장을 병행해서 사용할 수 있어, 보다 상급 청해의 실력을 키워줄 거라 생각합니다.

각 장의 전략 항목은 다음과 같습니다.

1. 음성의 특징을 파악하는 전략
2. 장면 · 상황을 파악하는 전략
3. 필요한 정보를 알아듣는 전략
4. 대략적인 뜻을 파악하는 전략 1
5. 인토네이션 등에서 발화 의도를 파악하는 전략
6. 이야기 전개를 예측하는 전략
7. 지도나 그림, 문자를 보면서 듣는 전략
8. 대략적인 뜻을 파악하는 전략 2

본 교재의 작성 방침과 사용방법

· 우선, 청해의 기본이 되는 음성면에서의 연습부터 시작하도록 했습니다.

· 연습의 소재는 일상적인 만남과 같은 생활 장면에서 강의나 텔레비전 · 라디오 프로그램에서 들을
   법한 것까지 화제를 폭넓게 다뤘습니다.

· 회화나 강연 같은 것에서는 가능한 한 실제 화법에 가깝도록 말을 더듬는 것이나 반복해서 말하는
   것, 바꿔 말하기 등을 넣어 작성했습니다.

· 독학인 경우에서도 쉽게 사용하도록 별책으로 스크립트와 해답을 함께 넣어 보기 쉽게 했습니다.
   필요한 것에는 설명(★표)도 붙였습니다.

· 학습자의 편의를 생각해 모두 후리가나를 달았습니다.

· 「대략적인 뜻 파악히기」장에서는 [듣기 전에]나 [듣고 난 후에]를 만들었습니다. [듣기 전에]에서는
   내용의 이미지를 파악하고, [듣고 난 후에]에서는 교실 활동으로써 서로 이야기를 하는 발전적 수
   업도 가능하도록 했습니다.

1. 음성의 특징을 파악하는 전략

  본 장에서는 모음의 발음, 액센트의 이동, 모음의 무성화 등의 음성의 특징을 배우고, 청해를 위한
기초력을 키웁니다.

  음성의 특징은 항목이 많아서 어렵습니다만, 기존에 이런 기초적인 지식을 가르치지 않았기 때문에
청해가 되지 않는다는 일이 많았던 것입니다.

  그래서 본 장에서는 쓰여져 있는 문자와 그 들리는 법이 다른 것을 의식하는 훈련을 합니다. 어휘는
알고 있어도 그대로 들리지 않기 때문에(예를 들어 「支出〈ししゅつ〉」는 〈シス〉정도로밖에 들리지 않
는 경우 등), 알아듣지 못하는 일이 많은 것입니다. 일본어의 음의 들리는 방법에 익숙해지는 것에 의
해 「이렇게 들린다면 이렇게 말히고 있는 것이다」라고 유추할 수 있는 능력올 기우는 것이 가능힙니
다. 실제로 이렇게 음성을 파악하는 법 자체가 하나의 전략이 되는 것입니다.

  본 장에서는 우선 각 항목의 설명을 읽고 내용을 파악합니다. 그리고 그 예를 듣고 연습을 시작합니
다. 일본어의 들리는 방법의 특징에 익숙해지고 나서 각 장의 전략을 파악하고 청해력을 올리기 바랍
니다.

  단, 본 장의 항목 순서대로 음성의 연습만 계속 하면, 변화가 없어 질리기 때문에 조금씩 하면서 제
2장 이후의 연습도 함께 하도록 하십시오.

2. 장면 · 상황을 파악하는 전략

  본 장에서는 장면, 상황을 파악하는 전략을 배웁니다. 예를 들어 키워드에서 화제를 예측하거나 스
피치 레벨의 차이에 따라 화자의 관계를 파악하거나 하는 것을 배웁니다. 연습 문제의 세세한 내용까
지 알아들을 필요는 없습니다. 듣기 전에 그것을 확실히 인식하고 세세한 것에 연연하지 않는 의식을
가지는 것이 중요합니다.

3. 필요한 정보를 알아듣는 전략

　본 장에서는 듣기 전에 문제를 보고, 지시된 것에만 초점을 맞추고 듣습니다.

4. 대략적인 뜻을 파악하는 전략 1

　우선 [듣기 전에]의 질문에 답합니다. 그것에 따라서 어떤 내용의 이야기인가를 예측하고 자신의 체험이나 지식도 활용하면서 내용을 듣습니다.

5. 인토네이션 등에서 발화의도를 파악하는 전략

　본 장에서는 액센트를 알아듣고, 단어의 의미나 내용의 끊김 등을 알아서 인토네이션을 듣고 분간하여 발화의도를 파악하는 연습을 합니다.

　문제 페이지의 뒷장이 스크립트 페이지이므로, 들은 후에 곧바로 문장을 확인할 수 있습니다.

6. 이야기 전개를 예측하는 전략

　본 장에서는 전략을 3가지로 더욱 세분화합니다.

　　　1. 호응하는 표현에 주의해서 듣는다

　　　2. 글 전체의 리듬, 속도, 억양에 주의해서 듣는다.

　　　3. 알아 들은 어구를 중심으로 이야기의 내용을 이해하고 다음 전개를 예측한다.

　이 전략들마다 기본 연습이 있으므로, 우선 그것을 해서 어떤 전략인가를 확인하세요. 연습문제에서는 그 전략들을 의식하면서 문제를 풀어 봅시다.

7. 지도나 그림, 문자를 보면서 듣는 전략

　본 장에서는 지도나 그림, 문자를 단서로 해서 내용을 알아 듣는 연습을 합니다. 귀로 들었던 정보와 눈으로 봤던 지도나 그림, 문자 등의 정보를 상호 활용하면 내용의 이해가 더 쉽게 됩니다.

　문제를 듣기 전에 지도나 그림, 문자를 먼저 봐 주세요. 지도의 보는 방법을 모르거나 모르는 단어 등이 있으면 선생님에게 묻던지 스스로 찾아보면서 앞으로 나아가세요.

8. 대략적인 뜻을 파악하는 전략 2

　본 장에서는 우선, 키워드를 찾아서 담화의 주제를 파악하는 연습을 합니다. 주제를 파악하면 내용의 이해도 쉬워지니까 한번에 전부 알 수 없어도 괜찮습니다.

　연습문제에는 주제를 파악하는 것과 주제를 파악한 후, 단계적으로 세세한 내용을 듣는 문제가 있습니다. [듣고 난 후에]는 교실에서 서로 이야기 하는 등 발전적 활동으로써 활용하세요.

〈청해 전략의 종류〉

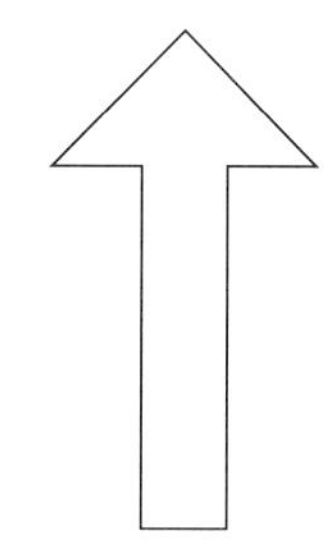

청해 실력 UP!

4 · 8 대략적인 뜻을
파악하는 전략
· 키워드로부터 이야기의 내용
을 추측하면서 듣는다.
· 중요한 정보를 추출하고 전체
적인 내용을 파악한다.

7. 지도나 그림을
보면서 듣는 전략
· 시각적으로 제시된 정보를 단
서로 음성으로 설명 · 지시된
내용을 알아 듣는다.
· 숫자 · 수량을 알아 듣고, 상
대적으로 비교하고 파악한다.

6. 이야기 전개를
예측하는 전략
· 호응하는 표현에 주의하면
서 듣는다.
· 글 전체의 어조에 주의해서
듣는다.
· 전반부의 내용에서 후반부
의 내용을 예측한다.

1. 음성의 특징을
파악하는 전략
· 모음의 발음, 액센트의 이동,
모음의 무성화등을 배운다.

2. 장면상황을
파악하는 전략
· 키워드에서 화제를 예측한다.
· 스피치 레벨의 차이에 의해
화자의 관계를 파악한다.

3. 필요한 정보를
알아듣는 전략
· 필요한 정보 부분을 알아
듣는다.

5. 인토네이션 등에서
발화의도를 파악하는
전략
· 액센트나 인토네이션 등의 차
이에 따른 발화의도를 이해한
다.

목차

1

音声の特徴をつかむ

　総合的な聴き取りの力をつけるためには、まず日本語の音声についての基礎知識を持ち、どんな音がどうして聴き取りにくいかを知り、それぞれの問題に焦点を当てて、聴く練習をする必要があります。

　例えば、日本語の音のまとまり（音節）は、子音の「ん」を除いて、基本的には［母音だけ］か［子音＋母音／母音＋子音］でできていて、とても単純な構造ですが、それでも母音が消えたり、前後の音の影響で子音が変化したりして、聴き取りにくいことがあります。

　また、「つまる音」（促音）の「っ」、「はねる音」（撥音）の「ん」、「のばす音」（長音）の「ー」は、それだけで特別な一つ分の音として扱われ、ことばの意味の理解に大きく影響しますが、聴き取りがむずかしい音です。特に、「っ」と「ん」は、次に来る音の影響を受けていろいろな音に変化するので、注意が必要です。

　外来語のカタカナことばの発音も、もとの発音とかなり違っていますから、確認しておきましょう。また、単語と単語が合わさると、アクセントが移動して、もとの単語のイメージが変わってしまうことがあります。

　このような、いろいろな音声の問題について、それぞれ聴き取りの練習をしてみましょう。

日本語の「つまる音」の「っ」は、文字1字を発音するひと呼吸の長さ（1拍）の間、音を止めることを表しています。口の中で次の音の形を作った状態で、音を出さずにひと呼吸分待ちます。例えば、「いっぱい」なら、「い」の後の「ぱ」の子音［p］の音を作った状態（つまり、唇を閉じた状態）で、音を出さずに、ひと呼吸音を止めてから、「ぱ」を出します。（ただし、「いっさつ」・「いっしょ」などのように「っ」のあとがサ行・シャ行の場合は、それぞれ［s］と［sh］をひと呼吸分出し続けます。）

[例]　もういっぱい、いかがですか。　あ、もうけっこうです。

「っ」の後には、通常、カ、サ、タ、パ、キャ、シャ、チャ行の音（k, s, t, p, sh, ch）しか来ません。

[練習]　発音を聴いて、「っ」を正しい場所に書き込みなさい。

(1) 「サイズはいかがですか」　「ええ、ぴ　た　り　です」

(2) 100円 シ　ョ　プ には、色とりどりの プ　ラ　ス　チ　ク 製のバケツが置いてある。

(3) み　と　も　な　い から、そんな か　こ　う するの、やめなさい。

(4) 予想と こ　と　な　た 結果になった。

(5) なかなか高度な テ　ク　ニ　ク を使っていますね。

(6) 雄大な景色に あ　と　う された。

(7) あそこの息子さん、お父さんに そ　く　り ね。

(8) その国の習慣は、気候と み　せ　つ な関係がある。

(9) 昨日は、ぐ　す　り 眠りました。

話しことばでは、発音しやすいように音の変化が数多く起こります。種類別に整理してみましょう。

1　「ん」の音に変わるもの（撥音化）
ナ行の「に」「の」、ラ行の「ら」「り」「る」「れ」は「ん」に変わることがあります。

[例]　いちにち　→　いちんち　（一日）

　　　そんなもの　→　そんなもん

　　　わからない　→　わかんない

　　　たりない　→　たんない

[練習]　聴いた通りに書いてから、正しい形を書きなさい。
　（例）どようんなったら（→　どようになったら）やろうと思って。

(1)　こんな＿＿＿＿＿＿＿（→　　　　　　　　　　　）、買えませんよ。

(2)　あの人の話、ぜんぜん＿＿＿＿＿＿＿（→　　　　　　　　　　　）。

(3)　きのうは＿＿＿＿＿＿＿（→　　　　　　　　　　　）テレビ、見てた。

(4)　こんなにたくさん＿＿＿＿＿＿＿（→　　　　　　　　　　　）。

(5)　急にやることが決まった＿＿＿＿＿＿＿（→　　　　　　　　　　　）。

(6)　あんまり＿＿＿＿＿＿＿（→　　　　　　　　　　　）やめました。

(7)　そんなこと、自分で＿＿＿＿＿＿＿（→　　　　　　　　　　　）。

2 | 「っ」になるもの（促音化）
文末「〜か」の前の語が「っ」に変わることがあります。

［例］　どこか、遊びに行こう。→　どっか、遊びに行こう。　　　◎ 5

［練習］　聴いた通りに書いてから、正しい形を書きなさい。
(1)　完璧じゃないけど、まっ、＿＿＿＿＿＿（→　　　　　　　　）。
(2)　明日、花火大会があるんだって。＿＿＿＿＿＿＿＿（→
　　　　　　　）。

3 | 「れは／れば」→「りゃ」
「ては／では」→「ちゃ／じゃ」
「ければ」→　「きゃ」
「〜てしまう／でしまう」→「〜ちゃう／じゃう」

のように変化する
（拗音化）

［例］　それはないよね。→　そりゃ、ないよね。　　　◎ 6
　　　寝ては、だめ。　→　寝ちゃ、だめ。
　　　鍵がなくなってしまった。　→　鍵がなくなっちゃった。

［練習］　聴いた通りに書いてから、もとの形を書きなさい。

(1)　＿＿＿＿＿（→　　　　）だめって言ったのに、＿＿＿＿＿＿（→
　　　）だから。
(2)　あーあ、＿＿＿＿＿＿＿＿（→　　　　　　　　）。
(3)　人に＿＿＿＿＿＿＿＿＿＿（→　　　　　　　　）　だめで
すよ。
(4)　全部＿＿＿＿＿＿＿＿（→　　　　　　　　　）から、次のを
頼みましょうよ。

(5) くれるって言うんだから、＿＿＿＿＿＿＿＿ (→　　　　　　　　　　)。

(6) ボーナスが出たから、タクシーで ＿＿＿＿＿＿＿ (→

　　　　　　　　) かな。

(7) ＿＿＿＿＿＿＿＿＿ (→　　　　　　　　) 宿題がある

んなら、早く ＿＿＿＿＿＿＿＿＿ (→

　　　)。

(8) 疲れたんなら、ここで ＿＿＿＿＿＿＿ (→

　　　) いいよ。

話しことばにおいて、母音は発音されなかったり、次の音と一緒になったりといろいろに変化します。　どのように変化するか整理してみましょう。

1　「～ています」や「～ていきます」の「て」の後の「い」は、発音しないことがあります。

[例]　ちょっと、待っていてね。→　ちょっと、待っててね。

[練習]　聴いた通りに書いてから、もとの形を書きなさい。

(1)　これ、あっちに＿＿＿＿＿＿＿＿＿（→　　　　　　　　　　　）。

(2)　手土産ねえ……、ケーキでも＿＿＿＿＿＿＿＿（→　　　　　　　　　）？

(3)　新幹線、がらがらに＿＿＿＿＿＿＿（→　　　　　　）よ。

(4)　のど、かわいたから、お茶でも＿＿＿＿＿＿＿（→
　　　）よ。

(5)　あの人、＿＿＿＿＿＿＿（→　　　　　　　）、知らないふり＿＿
　　　＿＿＿＿＿（→　　　　　　）んですよ、いつも。

2　「～ておく」→「～とく」、「～てあげる」→「～たげる」など、母音と前の子音が一緒になって別の音に変わります。

　　　　　　　　　　　　　　　　　　　　　　　　　　　◎　8

[例]　この手紙、出しておいてくれる？→この手紙、出しといてくれる？
　　　わたし、やってあげるよ。→　わたし、やったげるよ。

[練習] 聴いたとおりに書いてから、正しい形を書きなさい。

(1) 今のうちに ＿＿＿＿＿＿＿＿＿（→　　　　　　　　　　）？

(2) それ、そこに ＿＿＿＿＿＿＿（→　　　　　　　　）。後で使う
　　から。

(3) 急ぐんでしょう。わたしが手紙、＿＿＿＿＿＿＿＿（→
　　　　　　　　）から。

(4) 山田さん、もう会議に ＿＿＿＿＿＿＿（→
　　　　　　）。

(5) あなたが言えないんだったら、わたしが代わりに ＿＿＿＿＿＿＿
　　（→　　　　　　　　）。

3　同じ母音が続くとき、後の母音を発音しないことがあります。

[例]　体育　たいいく（taiiku）　→　たいく（taiku）　◎ 9

[練習]　母音が続くところに注意しながら、聴いてみましょう。
(1) たいいくかん（体育館）の前に集合してください。
(2) 雨の日が続くと、ゆううつ（憂鬱）な気分になるなあ。

4　母音が一つだけのことばに助詞がつかないとき、少し長めに発音すること
　があります。

[例]　終わった人、てー（手）、あげてください。　◎ 10

　　はい、静かにめー（目）、つぶって。

　　集まるひー（日）、早く決めましょうよ。

　　かー（火）、木はひまだけど。

　　はい、とりますよ。いち、にー（二）、さん。

5 ｜ 長音はなくなるか、ごく短く発音されることがあります。特に文末の長
音はそうなりやすいです。

[例]　さっ、いこ（いこう）。

　　　どうも　ありがと（ありがとう）。

◎ 11

[練習]　聴いた通りに書いてから、正しい形を書きなさい。

(1)　変な顔して、＿＿＿＿＿＿＿（→　　　　　　　　　）。

(2)　ちょっと　＿＿＿＿＿＿（→　　　　　　　）取っていただけます？

(3)　おとうさん、遅いから、先　＿＿＿＿＿＿＿＿＿＿＿（→

　　　　　　　　　　　）。

(4)　もう、＿＿＿＿＿＿（→　　　　　　　　）。

外来語のようにカタカナで書くことばは、もとの発音とかなり違っていることが多いですが、カタカナに書きかえるのにいくつかルールがありますから、それらを覚えると、聴き取りにも役立つでしょう。

---

1 外来語をカタカナで書くと、もとの発音より音の長さが長くなることが多いです。これは、日本語では、もとのことばの子音に母音がつけ加えられたり、「つまる音」（促音）や「のばす音」（長音）になったりした上に、その文字一つずつ（キャ行、シャ行などは2字ずつ）を同じ長さで発音するからです。たとえば、音のまとまり（音節）が三つしかない internet は、日本語では、イ・ン・タ・ー・ネ・ッ・トと2倍以上の長さになって発音されます。

[例]　advice　　ア・ド・バ・イ・ス（2→5）　　　◎ 12

　　　chocolate　　チョ・コ・レ・ー・ト（3→5）

[練習]　次のことばを、日本語で発音してみましょう。次にカタカナで書きなさい。

(1)　basketball＿＿＿＿＿＿＿　(2)　romantic　＿＿＿＿＿＿＿＿＿

(3)　calendar ＿＿＿＿＿＿＿　(4)　solar car ＿＿＿＿＿＿＿＿＿

(5)　pocket ＿＿＿＿＿＿＿＿　(6)　program ＿＿＿＿＿＿＿＿＿

(7)　security check ＿＿＿＿＿＿＿＿＿＿＿＿＿

2 | もとのことばが英語の場合、日本語で外来語として使われるときは、次のように母音が付け加えられます。

英語の子音	加えられる母音	例
t, dのとき	o	cut（カット）　bed（ベッド）
ch, ge [dʒ] のとき	i	research（リサーチ）　stage（ステージ）
その他の子音	u	cup（カップ）　tool（ツール）　goods（グッズ）

[練習] 次のことばを、カタカナで書きなさい。　◎ 13

(1) change ＿＿＿＿＿＿＿　　(2) classmate ＿＿＿＿＿＿＿

(3) kick ＿＿＿＿＿＿＿　　(4) request ＿＿＿＿＿＿＿

(5) cheese ＿＿＿＿＿＿＿　　(6) approach ＿＿＿＿＿＿＿

3 | アクセントの変化

　英語のアクセントは、その語のどこを強く発音するか弱く発音するか（強弱アクセント）ですが、日本語では高く発音するか低く発音するか（高低アクセント）です。ですから、英語のことばを外来語にして日本語読みするときは、アクセントの性質や位置も変わります。そうすると、もとは同じことばでも、聞いたときの印象がかなり違ってきます。

　カタカナ4文字で書かれる単語（4拍語）では、語末から3文字目（3拍目）か4文字目（4拍目）までアクセントが高く、そこでアクセントが「高」から「低」に変わるという現象が多く見られます。

　ただし、3文字目（3拍目）、4文字目（4拍目）が「ー」「ッ」「ン」のときは1字分前にずれます。

[例]　チョコレート、オリンピック、ヘリコプター　◎ 14

[練習] 次のことばを聴いて、どこから下がっているか、確認しましょう。

(1) sandwich　サンドイッチ

(2) hamburger　ハンバーガー

(3) accessory　アクセサリー

(4) communication　コミュニケーション

4　日本語にない音への置き換え
日本語に対応する音が存在しない場合は、似た音で表します。

[例]　thank you　サンキュー　　　theory　セオリー　　　◎ 15

　　　light　ライト　　　　　　　right　ライト

　　　football　フットボール　　video　ビデオ

特殊な外国語のカタカナ表記
次のようなものはカタカナ専用の表記を使います。

walkman	ウォークマン	teen-ager	ティーンエージャー
Finland	フィンランド	feminist	フェミニスト
producer	プロデューサー	jet engine	ジェットエンジン
quarter	クォーター	idea	アイディア
Guatemala	グァテマラ	Sweden	スウェーデン

話しことばには、そのほかにもいろいろな音の変化があります。

1　語中の「わ」「は」は「あ」で発音されることがあります。

［例］　かわいそう → かあいそうだね。

うわぎ（上着）→ うあぎ、取って

すわってください → 早くすあってください。

ごはん → ごあん、まだ？

2　ことばの意味を強調する場合、「っ」や「ん」が入ったり、語末の2字の母音がエ段に変化したりします。

［例］　すごい（sugoi）　→　すっごい（suggoi）／すげえ（sugē）　◎ 17

そのまま（sonomama）　→　そのまんま（sonomanma）

ばかだなあ（bakadanā）　→　ばっかだなあ（bakkadanā）

3　「〜てしまう／でしまう」には「ちまう／じまう」という変化もあります。

［例］　さいふ、落としてしまった。→ さいふ、落としちまった。　◎ 18

複合語になったときのアクセントは、単語レベルのアクセントと異なる場合がよくあります。アクセントの下がる場所を聴き分ける練習しましょう。

[例]　とうきょう　＋　だいがく　→　とうきょうだいがく
　　　二つ目の語の二つ目の音からアクセントが下がる現象が多く見られます。

[練習]　アクセントに注意して聴きましょう。
　(1)　とっきゅう　＋　れっしゃ　→　とっきゅうれっしゃ
　(2)　せかい　＋　りょこう　→　せかいりょこう
　(3)　けいざい　＋　せいさく　→　けいざいせいさく
　(4)　じょうほう　＋　がっかい　→　じょうほうがっかい

ただし、二つ目の語が駅、人、県などの場合、二つ目の語の最初の音からアクセントが下がります。
　　[例]　ちゅうごく　＋　じん　→　ちゅうごくじん
　　　　　きょうと　＋　えき　→　きょうとえき
　　　　　あいち　＋　けん　→　あいちけん

実際には母音があるのに、その音が発音されていないことが日本語ではしばしばあります。例えば、「kiku」（「聞く」「菊」など）の［i］の音は普通発音されません。このように母音が消えることを「母音の無声化」と言います。この母音の無声化は「キ・シ・チ・ヒ・ピ」、「ク・ス・ツ・フ・プ・シュ」が、カ行、サ行、タ行、ハ行、パ行の前、そして、その拗音系のキャ行、シャ行、チャ行、ヒャ行、ピャ行の前や「ッ」の前にあるときによく起こります。ここでは、この消える母音に注意して聴きましょう。

はじめに例を言います。次に練習してみましょう。（　　　　　　）の中にまず、聞こえた通りにメモしてから、漢字のことばは意味を考えて適切な漢字に直してみましょう。必要なら辞書を引いてください。

1　「キ・シ・チ・ヒ・ピ」の母音が発音されないものがあります。

[例]　識別（シキベツ）　汽車（キシャ）　機械（キカイ）

[練習]

(1)　今話題のあの人が（　　　　　　→　　　　　　　　）を明日、行うそうだ。

(2)　試験は、（　　　　　　→　　　　　　　）と面接です。

(3)　今度の仕事では、本から得た（　　　　→　　　　）が役立った。

(4)　この薬品の（　　　　→　　　　　）はどれぐらいですか。

(5)　手入れがよく（　　　　　　→　　　　　　）庭ですね。

2 ｜ 「ク・ス・ツ・フ・プ」の母音が発音されないものがあります。

[例] 負担（フタン）　　　　　　　　　　　　　　　　◎ 21

[練習]
  (1)　会場から、割れんばかりの（　　　　　→　　　　　　）をもらい
　　　ました。
  (2)　林（　　　　→　　　　　）が今到着しました。
  (3)　その草は、（　　　　→　　　　　）として昔から愛用されています。
  (4)　昨日の火事で、職員の（　　　　　　　　→　　　　　　　）
　　　は焼けてしまいました。

3 ｜ 母音のアかオを含む同じ音が続くと前のほうの母音が聞こえないことがあ
　｜ ります。

[例] 注ぐ（ソソグ）　案山子（カカシ）　　　　　　◎ 22

[練習]
  (1)　その交流会では、お年寄りと小さい子供たちとの（
　　　→　　　　　　　　　）光景が見られました。
  (2)　少年たちの非行の裏には子供たちの（　　　　　→　　　　　）
　　　の問題があります。
  (3)　毎日3度の食事は（　　　　　　　→　　　　　　　　）。
  (4)　レポートを20枚（　　　　　　→　　　　　　　）な
　　　りません。

4 | 「シュ」「ジュ」の音は、「シ」「ジ」と発音されることが多いです。

[例] 手術 （シュ ジュツ→シ ジツ） ◎ 23

[練習1]

(1) 先日の原子炉の事故で多量の放射能が（　　　→　　　）
　　されたそうだ。

(2) あの俳優は韓国の映画にも（　　　→　　　）している。

(3) 明日から九州へ（　　　→　　　）します。

(4) 以前、国会で（　　　→　　　）移転の話がありました。

(5) （　　　→　　　）の出席名簿を作成して下さい。

※「手術」（シュジュツ）の「ツ」の音は、手術された（シュジュツされた）のようになると、「ツ」の音の母音が消えて発音され大変聞きにくくなります。

[練習2] ◎ 24

ここでは、他のことばと間違えやすいものがあげられています。文の意味を考えながら正しいことばを入れてみましょう。

(1) a　この間（　　　→　　　）されたそうですね。もうだいじょうぶですか。

　　 b　あの政党は国民に（　　　→　　　）されなくなってきた。

(2) a　今月は（　　　→　　　）が多く、赤字になってしまった。

　　 b　息子は、音楽家になりたいと言っているがその（　　　→　　　）があるだろうか。

(3) a　近所で大きな火事があり、消防車が何台も（　　　→　　　）した。

　　 b　わたしの論文（　　　→　　　）をしてくださった先生は田中先生です。

1　似ている音

次のような音の対立は聴き分けがむずかしいものです。練習するときは、まず聴いてひらがなで書いてみてから、漢字のことばは文脈を考えて適切な漢字に直してみましょう。

(1)　タ行の音とダ行の音
　　[例]　天気（テンキ）／電気（デンキ）

　　[練習]
　　　①　引越しの（　　　　→　　　　）は、山田さんが手伝ってくれるそうです。
　　　②　この二人は（　　　　→　　　　）同時刻に生まれたのだそうです。
　　　③　（　　　　→　　　　）では、経済を勉強する予定です。
　　　④　この高校では、たばこを吸うと（　　　　→　　　　）になります。

(2)　カ行の音とガ行の音　 26
　　[例]　格好（カッコウ）／学校（ガッコウ）

　　[練習]
　　　①　あの人は、ゲームの（　　　　→　　　　）では有名だそうです。
　　　②　この研究会は自転車（　　　　→　　　　）の援助を受けています。
　　　③　この建物は世界（　　　　→　　　　）の木造建築物です。

④ （　　　　　→　　　　　　　）に部屋を出る人は、窓を閉めて電気を
消して行ってください。

(3) ダ行の音とナ行の音　　　　　　　　　　　　　　　　　　◎ 27
　　［例］　大事（ダイジ）／内示（ナイジ）

　　［練習］
　　　① これからは、学歴より（　　　　　→　　　　　　）のある人間が評
　　　　価される。
　　　② これは、どんな（　　　　　→　　　　　　）で動いているのですか。
　　　③ 入場券は（　　　　　→　　　　　　）で買えば安くなります。
　　　④ イカやタコは、（　　　　　→　　　　　　）動物です。

(4) ダ行の音とラ行の音　　　　　　　　　　　　　　　　　　◎ 28
　　［例］　一段（イチダン）／一覧（イチラン）

　　［練習］
　　　① マラソンは最後にすごい（　　　　　→　　　　　　　）が
　　　　あった。
　　　② サッカーの試合では、（　　　　　→　　　　　　　）が出
　　　　ると、選手は、退場しなければなりません。
　　　③ このキノコには（　　　　　→　　　　　　）がありませんか。
　　　④ 今日は、一日（　　　　　→　　　　　　）なことがなかった。

— 18 —

(5) ジョの音とゾの音、ジエの音とゼの音
　　[例]　情勢（ジョウセイ）／造成（ゾウセイ）　　　◎ 29

[練習]

① あの人は昔（　　　　→　　　　　　）をしていたそうで
す。

② （　　　　　→　　　　　　　）で厳しく検査されて、かばんを開
けて調べられた。

③ この地方は、最近人口が（　　　　→　　　　　）している。

④ これは、空気を（　　　　　→　　　　　）する装置です。

(6) イの音とンの音
　　[例]　抵抗（テイコウ）／天候（テンコウ）　　　◎ 30

[練習]

① （　　　　　→　　　　　）スピードは、時速60キロです。

② この国では、1964年に独立（　　　　→　　　　　）がなされ
ました。

③ 悪（　　　　→　　　　　）のため、飛行機は運行中止で
す。

④ 野党の（　　　　→　　　　　）が強く、この法案は成立
しませんでした。

2　ガ行 鼻濁音

ガ行の子音は、語中で鼻にかかる鼻濁音（[ng] の音）となる傾向があります。
これは、東京方言の伝統的発音で起こります。例えば「ありがとう」が「アリ
アトウ」に近く聞こえます。

［例］　長い（ナガイ）　鏡（カガミ）　　　　　　　　　　 31

［練習］

　① （　　　　　　→　　　　　　）を出てピアノの先生になりました。

　② この部屋は（　　　→　　　）をつけかえたほうがいいですよ。

　③ 大した（　　　→　　　）じゃなくてよかったですね。

　④ この問題は国会で大きな（　　　→　　　）を呼んだ。

3　「ハ」「ヒ」「ヘ」「ホ」「ツ」の弱音化

語頭のｈの音は、しばしば弱音化し、[h] の音がないかのように聞こえます。また「ツ」の音がないかのように聞こえることがあります。例えば「あつさ」は「アッサ」に近く聞こえます。

［例］　匹敵（ヒッテキ）　豊富（ホウフ）　　　　　　　　　 32

［練習］

　① この（　　　　　　→　　　　　　）でやれば、だいじょうぶです。

　② この計画を実現するためには、各国の協力が（　　　→　　　）となるでしょう。

　③ わたしの絵がコンクールで高い（　　　→　　　）を受けました。

　④ 写真のこの部分を（　　　　　　→　　　　　　）ください。

　⑤ 今日は真夏日となりました。日中の（　　　→　　　）で倒れた人が何人か出たそうです。

4 「ン」＋母音

跳ねる音「ン」の後に母音が来ると、聴きにくくなります。

[例] 本を（ホン ヲ）　単位（タン イ）　　　　　◎ 33

[練習]

① この商品を売るための新しい（　　　　　→　　　　　　）
考えています。

② 旅行に参加するかどうかは（　　　　　→　　　　　　）です。

③ 政治には国民の意見が（　　　　　→　　　　　　）されなければ
なりません。

④ あの人は、この大会の（　　　　　→　　　　　　）で
す。

2

場面・状況をつかむ

わたしたちが実際の生活で話を聴き取るときは、だれがどんな状況でどんなことに関する話をするか、事前に分かっていることが多いのです。例えば、ニュースを聴くときは、これから聴くのはニュースであるとか、知り合いから電話がかかってきたときは、どんな話かだいたい想像できます。

ですから、聴き取りの練習でも、まず、話題は何か、どんな場面・状況で話されているか、会話をしている人同士の人間関係はどうか、などをつかむことが大切です。この章では、発話されているときの状況設定に注目して聴く練習をしてみましょう。細かいことは、聴き取れなくてもかまいません。

ここでは、話されている場所がどこなのかとか、どこへ行くのか、どんなものについて話しているのか、ということだけを聴き取ります。ヒントになることばを探してみましょう。詳しいことは分からなくてもかまいません。

1　どこの案内 ほか

1　次の案内は、どこで聞かれるものでしょうか。正しいものを選びなさい。

◎ 35〜39

(1)　①駅　　②飛行機の中　　③バス　　④劇場　　⑤デパート
(2)　①駅　　②飛行機の中　　③バス　　④劇場　　⑤デパート
(3)　①駅　　②飛行機の中　　③バス　　④劇場　　⑤デパート
(4)　①駅　　②飛行機の中　　③バス　　④劇場　　⑤デパート
(5)　①駅　　②飛行機の中　　③バス　　④劇場　　⑤デパート

2　次のアナウンスは、スポーツの実況中継です。何のスポーツか正しいものを選びなさい。

◎ 40〜43

(1)　①サッカー　　②バスケット　　③すもう　　④野球
(2)　①サッカー　　②バスケット　　③すもう　　④野球
(3)　①サッカー　　②バスケット　　③すもう　　④野球
(4)　①サッカー　　②バスケット　　③すもう　　④野球

3　次のアナウンスは、コマーシャルです。何の宣伝でしょうか。正しいものを選びなさい。

◎ 44〜46

(1)　①洗濯用洗剤　　②食器用洗剤　　③窓ガラス用洗剤
(2)　①鉄道会社　　②自動車会社　　③航空会社
(3)　①のどの薬　　②スポーツドリンク　　③ダイエット食品

2 何の話 ほか

1 次の会話を聴いて質問に答えなさい。　◎ 47〜50

  (1) 二人は何について話しているでしょうか。

  (2) 男の子は、今どこにいるでしょうか。

  (3) 二人は、何について話しているでしょうか。

  (4) 二人はどこで話しているでしょうか。

2 二人はこれからどこへ行くのでしょう。正しいものを選びなさい。

  (1) ①映画館　　②駅　　③空港　　◎ 51〜52

  (2) ①映画館　　②駅　　③空港

3 二人は何の話をしているでしょう。正しいものを選びなさい。　◎ 53〜54

  (1) ①コピー機　　②洗濯機　　③ＣＤプレーヤー

  (2) ①コピー機　　②洗濯機　　③ＣＤプレーヤー

4 二人は、どんな話をしているでしょうか。正しいものを選びなさい。

  (1) ① 留学したときの話　　◎ 55

      ② 外国語を習っていたときの話

      ③ 外国に旅行に行ったときの話

  (2) ① 洗剤を買うときの話　　◎ 56

      ② 食料品を買うときの話

      ③ 子どものおもちゃを買うときの話

5 次の会話を聴いてください。この夫婦は、何の話をしているでしょう。正しいものを選びなさい。　◎ 57

  ① パソコンを買う話

  ② 新しい家を買う話

  ③ 新しい自動車を買う話

ここでは、二人の人間関係について注意して聴きましょう。相手への呼びかけは、どんなことばを使っているか、文の終わりの形はどうか、ていねいかどうか、また文の最後の助詞にも気をつけて聴いてみましょう。

3　だれとだれの話

1　次の会話は、だれとだれの会話ですか。正しいものを選びなさい。

◎ 58〜60

(1)　①上司と部下の会話　　②学生同士の会話　　③親と子の会話

(2)　①上司と部下の会話　　②学生同士の会話　　③親と子の会話

(3)　①上司と部下の会話　　②学生同士の会話　　③親と子の会話

2　この二人はどんな関係でしょうか。正しいものを選びなさい。　◎ 61

①　親子の会話

②　兄妹の会話

③　恋人同士の会話

ここからは、応用です。
二人がどういう関係か、何について話しているのか、どんな状 況かなどを聴き
取りましょう。

4　どんな関係 ほか
　次の会話を聴いて質問に答えなさい。
1　二人の関係はどんな関係でしょうか。正しいものを選びなさい。　◎ 62
　　①　友達同士
　　②　近所に住んでいる人同士
　　③　知らない人同士

2　どこで話しているでしょうか。正しいものを選びなさい。
　　①　うちの前の道
　　②　会社の入り口
　　③　電車の中

5　何の間違い　◎ 63
　次の会話を聴いて、正しいものを選びなさい。
　　①　電話をかけた人は、間違い電話をかけた。
　　②　電話をかけた人は、友達とそのお父さんを間違えた。

6　何の電話　◎ 64
　男の人は何のために電話をかけたのでしょうか。正しいものを選びなさい。
　　①　住宅の調査
　　②　マンションのセールス
　　③　女の人からの質問への回答

7　どこへ行く ほか

次の会話を聴いて質問に答えなさい。

1

(1)　二人は、これからどこへ行くのでしょうか。

(2)　だれが亡くなったのでしょうか。

2

(1)　この人は、どこで話しているでしょうか。

(2)　この人と、一郎君、真由美さんの関係は、どんな関係でしょうか。

8　このカップルは　　　　　　　　　　　67

男の人と女の人に街頭でインタビューをしています。男の人と女の人は、夫婦ですか、恋人ですか。

1　①　夫婦　　　　　②　恋人

2　①　夫婦　　　　　②　恋人　　　　　68

必要な情報を聴き取る

　わたしたちが話などを聴くとき、常にすべてのことを聴き取っているわけではありません。自分に必要な情報や関係のある情報だけを自然に選んで聴いていることも、実際には多いのです。例えば、天気予報では、自分に関係のある場所や日にちだけを聴くということをしているはずです。

　この章では、はじめに指定された聴き取るべき情報を意識して聴く練習をしてみましょう。その他のことは、聴き取れない事があってもかまいません。

この章では、必要な情報だけを聴き取る練習をします。あらかじめ指示されている点を確実に聴き取ってください。その他のことは聴き取れなくてもかまいません。まずはじめに、例をやってみましょう。

例 次は、フライトインフォメーションです。サウスイースト17便は、何時に到着する予定ですか。　◎ 70

1　ダイヤルインフォメーション
次のダイヤルインフォメーションを聴いて（　　　）に答えを書きなさい。　◎ 71

1　紛失などによって中断するときは（　　　）番を押す。
　　故障などの問い合わせは（　　　）番を押す。

2　まず、（　　　）番を、次に（　　　）番を押す。　◎ 72

2　円と株　◎ 73
現在1ドルは何円ぐらいになっていますか。また株価は上がっていますか、下がっていますか。

　　現在1ドルは（　　　）円ぐらいである。

　　株価は、昨日より（ a　上がった　　b　下がった）。

③ おじさん・おばさん　　　　　　　　　　　　　　　◎ 74

「おじさん」「おばさん」は、何歳から何歳までの人を言うのか聴き取りなさい。

「おじさん」「おばさん」は、（　　　）歳から（　　　）歳までである。

④ 内閣支持率　　　　　　　　　　　　　　　　　　　◎ 75

まず問題に目を通しなさい。そして話を聴きながら、問題の答えを書きなさい。

1　現在の内閣を支持する率　（　　　　　　）％

これは、先月より（ a 上がった　 b 下がった）。

2　現在の内閣を支持しない率　（　　　　　　）％

これは、先月より（ a 上がった　 b 下がった）。

3　支持する理由　　・（　　　　　　　　　　　　　　）45％

　　　　　　　　　・（　　　　　　　　　　　　　　）19％

4　支持しない理由　・（　　　　　　　　　　　　　　）35％

　　　　　　　　　・（　　　　　　　　　　　　　　）32％

5 湯の国 NIPPON

次は温泉の宣伝です。質問に答えなさい。

1 入館料はいくらですか。

____

2 石けんやタオルは、持って行かなくてもだいじょうぶですか。

____

3 営業時間は何時から何時までですか。

____

4 休みはいつですか。

____

5 駐車場はありますか。

____

※ことば：エステ（エステティックの略。全身美容）

6 目の疲れの原因 ◎ 77

目の疲れの原因には、どんなことがありますか。

1 ___________________________など、視覚情報の増加。

2 ___________________________などによる大気汚染。

3 ＿＿＿＿＿＿＿＿＿＿＿＿＿＿の乾燥。

4 ＿＿＿＿＿＿＿＿＿＿の増加。

5 精神的な＿＿＿＿＿＿＿＿＿。

 お知らせ ◎ 78

次の話を聴いて、質問に答えなさい。

1 これは何のお知らせですか。

＿＿＿＿＿＿＿＿＿＿＿＿＿＿＿＿＿＿＿＿＿＿＿＿＿＿

2 どんなことが行われますか。

(1) 消火器の＿＿＿＿＿＿＿＿＿＿＿＿＿＿＿。

(2) 消防団による＿＿＿＿＿＿＿＿＿＿＿＿＿＿。

(3) ＿＿＿＿＿＿＿＿＿＿＿＿＿の開催。

(4) ＿＿＿＿＿＿＿＿＿＿＿＿＿が開かれる。

8　ある俳優のインタビュー

どうして俳優になりましたか。理由を一つ選びなさい。

①　　　②　　　③　　　④

4

大意をつかむ　1

　話の内容を聴き取るということは、全体を通しての内容が理解できるということです。それには、まず話の内容に関連した背景の予備知識や考えを持っておくと、理解しやすいでしょう。

　この章では、まず【聴く前に】をやって、これから聴く内容を想像してみましょう。それから全体の流れをつかんでみましょう。

1　あいこでしょ

【聴く前に】

1　「じゃんけん」を知っていますか。どんなときにしますか。

2　じゃんけんをするときに、何と言って始めますか。

1回聴いて答えなさい。

内容が正しいものには○、間違っているものには×をつけなさい。

(1)　（　　）じゃんけんは、二人だけで行ないます。

(2)　（　　）じゃんけんは、子供も大人もよく使います。

(3)　（　　）じゃんけんをするときのかけ声は、地域によって異なります。

(4)　（　　）はじめにじゃんけんをするときは、「あいこでしょ」を使います。

(5)　（　　）「あんしょうけん」というのは、「あいこでしょ」と同じ意味で使
　　　　　　われます。

② 最近の大学生

【聴く前に】

1　高校のとき、どんな教科を勉強しましたか。

2　何かが足りないことを「〜不足」といいます。次の場合は、何と言うでしょうか。

　　　・運動が足りないこと　→　__________　不足

　　　・寝る時間が足りないこと　→　__________　不足

　　　・雨が降らず、水が足りないこと　→　__________　不足

3　何かをしなければならないことを「動詞＋べきこと」と表現します。次の場合は何と言うでしょうか。

　　　・やらなければならないこと　→　__________　べきこと

　　　・考えなければならないこと　→　__________　べきこと

　　　・話さなければならないこと　→　__________　べきこと

1回聴いて答えなさい。

どんな話ですか。

　　1　入学前に______________________________たり、

　　　授業で____

　　　たりする大学が多くなりました。

2　予備校も＿＿＿＿＿＿＿＿＿＿＿＿＿＿＿＿＿＿＿ようになりました。

3　1や2のようなことが起きてきた理由は何ですか。

____

③ 女性と仕事　　　　　　　　　　　◎ 83

【聴く前に】

1　あなたの国では女性は結婚すると仕事をやめますか。また、子供が生まれた場合はどうですか。

2　女性が結婚すると仕事をやめたり、子供が生まれると仕事をやめたりする理由はどんなことが考えられますか。

1回聴いて答えなさい。

1　ここでいう「再就職」とはどんな意味ですか。

____。

2　再就職を支持しているのはだれですか。

____。

3　企業はどのような制度を設けていますか。

____

制度を設けたりしています。

4　育児期間は仕事をやめて、その後パートで働くのはなぜですか。
理由を二つあげなさい。

・_______________________________________。

・_______________________________________。

4　シルバー　　　　　　　　　　　　　　　◎ 84

【聴く前に】

シルバーということばから、何をイメージしますか。

==

1回聴いて答えなさい。

1　「シルバー」ということばは、どんな意味に使われていますか。

_______________________________________。

2　「シルバー」ということばを初めて使ったのは何ですか。

_______________________________________。

3　電車の優先席が「シルバーシート」と呼ばれていた理由は何ですか。

優先席を作るとき_______________________________________。

【聴く前に】

1　わたしたちはいつも、生活の中でいろいろなカードを使っています。どんなカードがありますか。できるだけたくさんの種類のカードを考えてください。

2　みなさんはカードを使い終わった後、そのカードをどうしていますか。

1回聴いて答えなさい。

1　何のために箱があるのですか。

　　____。

2　使用済みのカードを買うのは、どちらですか。正しいものを選びなさい。
　　①　ボランティア団体
　　②　カードのコレクター

3　ボランティア団体は、どんな活動をしていますか。正しいものを選びなさい。
　　①　使用済みのカードのリサイクル活動をしています。
　　②　使用済みのカードで発展途上国の援助活動をしています。

⑥ 少子化（しょうしか）

【聴く前に】

1 あなたの国（くに）の人口構成（じんこうこうせい）はどうなっていますか。

2 子供（こども）の数（かず）が少（すく）なくなると、どのようなことが起（お）きると思（おも）いますか。

3 あなたの国（くに）では、1家族（かぞく）の平均的（へいきんてき）な子供（こども）の数（かず）はどのぐらいですか。

4 あなたの国（くに）では子供（こども）の数（かず）は増加傾向（ぞうかけいこう）にありますか、減少傾向（げんしょうけいこう）にありますか。

1回（かい）聴（き）いて答（こた）えなさい。

1 次（つぎ）のことは、これから増（ふ）えていくと言（い）っていますか、減（へ）っていくと言（い）っていますか。
- (1) 労働人口（ろうどうじんこう）　　　　　　（a 増（ふ）えていく　　b 減（へ）っていく）
- (2) 高齢者（こうれいしゃ）の労働力（ろうどうりょく）の必要性（ひつようせい）（a 増（ふ）えていく　　b 減（へ）っていく）
- (3) 年金（ねんきん）や保険料（ほけんりょう）を支払（しはら）う人（ひと）（a 増（ふ）えていく　　b 減（へ）っていく）
- (4) 年金（ねんきん）や保険料（ほけんりょう）を使（つか）う人（ひと）　（a 増（ふ）えていく　　b 減（へ）っていく）
- (5) 学校（がっこう）で勉強（べんきょう）する子供（こども）の数（かず）（a 増（ふ）えていく　　b 減（へ）っていく）

2 1で増（ふ）えたり減（へ）ったりする原因（げんいん）は何（なん）ですか。一（ひと）つ選（えら）びなさい。
- ① 子供（こども）の数（かず）が減（へ）っていること。
- ② 学校（がっこう）が変（か）わっていること。
- ③ 社会保障制度（しゃかいほしょうせいど）が変（か）わっていること。
- ④ 定年（ていねん）がのびていること。

日本と自分の国の年金制度、社会保障制度を比較してみましょう。

＜社会保障制度＞

　日本の社会保障制度には、社会保険、公的扶助、児童手当、社会福祉、保健衛生などがあり、その中核的存在となっているのは社会保険である。社会保険の中には、公的年金制度、医療保険、介護保険、雇用保険などがあり、これらの保険給付を行うことで国民の生活を経済的に保証する機能を果たしている。

＜年金制度＞

　国が責任を持って運営し、社会全体で老後の所得を保障する公的制度。年金は、老後生活を実質的に支えることを目的としているので、死ぬまで（終身年金）、また、物価の伸びに応じて（物価スライド）支給される。20歳から国民年金制度に加入し、老後、老齢年金がもらえる仕組みになっている。

7 畳の話

【聴く前に】

1　畳の部屋は好きですか。それはどうしてですか。

2　日本のうちで、畳の部屋があるうちは何パーセントぐらいだと思いますか。

3　日本のうちで、畳の部屋があるうちの割合は減っていると思いますか。

1回聴いて答えなさい。

1　話の内容と合っているものには〇、違っているものには×をつけなさい。

(1)（　　）

(2)（　　）

(3)（　　）

もう1回聴いてから答えなさい。

　2　畳が好きな理由を三つ答えなさい。

　　・____。

　　・____。

　　・____。

8　　DNA鑑定　　　　　　　　　　　　　　　　　　◎ 88

【聴く前に】

　1　この図は何ですか。

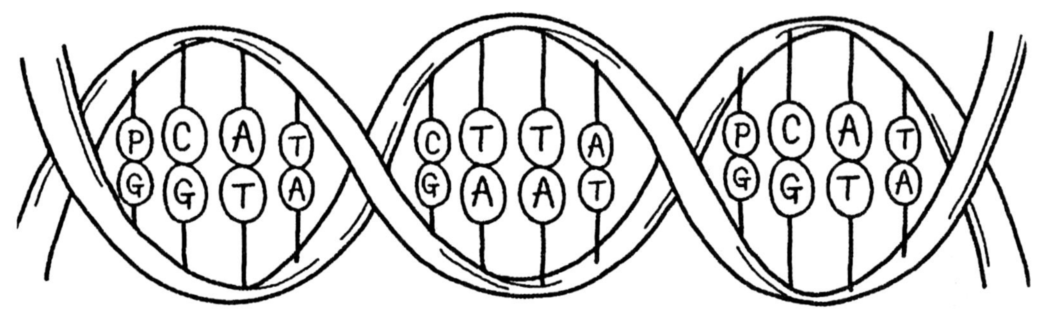

　2　現在、DNAを使ってどんなことを鑑定していますか。
　　これからどんなことに利用できそうですか。

1回聴いて答えなさい。

話の内容と合っているものに○、違っているものに×をつけなさい。

(1)（　　　）米の値段はどれもあまり差がない。

(2)（　　　）品種や産地が正しくない米が売られることがある。

(3)（　　　）DNAによって米の品種が分かる。

(4)（　　　）DNA鑑定による方法は、まだ少しの品種しか判別できない。

9　宝くじ

89

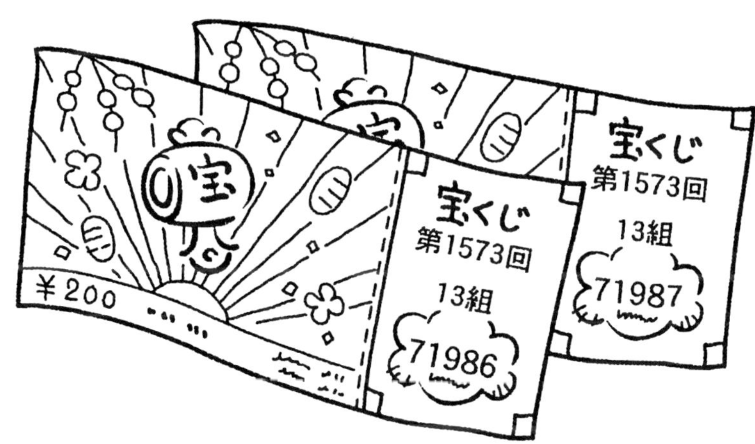

【聴く前に】

1　ギャンブルにはどんなものがあるか、考えてみましょう。

2　あなたの国に「宝くじ」はありますか。

1回聴いて答えなさい。

1　これは何についての話ですか。正しいものを選びなさい。
　　①　宝くじについて
　　②　宝くじの当選数字を当てるための攻略機について
　　③　宝くじの当選結果をデータ処理するための機械について
　　④　コンピュータで宝くじを買う方法について

2　話の内容と合っているものを一つ選びなさい。
　　①　この宝くじ攻略機は、おもに年輩の人向けである。
　　②　この宝くじ攻略機が予測した数字は、よく当たる。
　　③　この宝くじ攻略機は、音声による案内はない。
　　④　この宝くじ攻略機は、データを入れるだけですぐに当選予想の数字
　　　　が出てくる。

5

イントネーションなどから
発話意図をつかむ

　話しことばでは、イントネーション、アクセント、声の高さ・速さ・強さなどが大切です。これらによってさまざまな発話意図を表すことができます。例えば、同じ「そうですか」でも、文脈によって異なるイントネーションで発音され、全く違った意味を表しますから、聴くときには、注意が必要です。

　この章では、このような点に注意し、話し手の意図を的確に理解する練習をしましょう。

　本章では、文字で確認しやすいように右ページに問題があり、その裏のページにスクリプトが書いてあります。

同じ音の連続でも、アクセントの違いによって意味が違ってしまうことがあります。アクセントは、単語の意味を言い表したり、ことばの区切りを言い分けたりする働きがあります。ここでは、アクセントのこのような働きに気をつけて聴いてみましょう。

a、bセットになっている問題は、途中で止めずに聴いて比べてみましょう。

1　アクセントに気をつけて聴いてみましょう。

会話を聴いてください。会話に続くものとして適当なほうを①と②から選んでください。

初めに、例をやってみましょう。

[例]　　①　　　　②

(1)　①　　　　②　　　　　　　　　　　　　　　　　◎ 4

(2)　ここでは、a、b続けて聴いて比べてみましょう。　　◎ 5
　　　a　①　　　②　　　　　b　①　　　②

(3)　ここでは、a、b続けて聴いて比べてみましょう。　　◎ 6
　　　a　①　　　②　　　　　b　①　　　②

I　アクセントや音の切れ目に注意して聴く　　　　◎ 3

1　アクセントに気をつけて聴いてみましょう。

会話を聴いてください。会話に続くものとして適当なほうを①と②から選ん
でください。
初めに、例をやってみましょう。
　[例]　　女：長い間、お待たせしてすみません。
　　　　　男：あ、もう呼んでくれた？
　　　　　女：①　ええ、この本、おもしろかったです。
　　　　　　　②　はい、タクシー、5分で来るそうです。
正しい答えは2番です。では、始めましょう。
(1)　男：手伝いましょうか。　　　　　　　　　　　◎ 4
　　　女：あ、お願いします。その端を持ってください。
　　　男：①　どの箸ですか。
　　　　　②　ここですか。
(2)　ここでは、a、b続けて聴いて比べてみましょう。　◎ 5
　　a　女：もう少し飲む？
　　　　男：うん。もう1杯。
　　　　女：①　じゃ、はい、どうぞ。
　　　　　　②　あっ、そう。
　　b　女：もう少し飲む？
　　　　男：うーん。もういっぱい。
　　　　女：①　じゃ、はい、どうぞ。
　　　　　　②　あっ、そう。
(3)　ここでは、a、b続けて聴いて比べてみましょう。　◎ 6
　　a　男：この次、大阪に行くの、いつ？
　　　　女：来月のいつか。
　　　　男：①　まだ決まってないのか……。
　　　　　　②　じゃあ、もう来週じゃない。
　　b　男：この次、大阪に行くの、いつ？
　　　　女：来月の5日。
　　　　男：①　まだ決まってないのか……。
　　　　　　②　じゃあ、もう来週じゃない。

2 「ハ」の音に気をつけて聴いてみましょう。　　　　　　　　◎ 7

会話として、初めの人の発話に続く会話は、どちらが適当でしょうか。適当なほうを①と②から選んでください。

(1)　①　　　　②
(2)　①　　　　②　　　　　　　　　　　　　　　　　　　　　　◎ 8

3 音の切れ目や助詞に気をつけて聴いてみましょう。　　　　◎ 9

会話として、初めの人の発話に続く会話は、どちらが適当でしょうか。適当なほうを①と②から選んでください。

(1)　①　　　　②
(2)　①　　　　②　　　　　　　　　　　　　　　　　　　　　　◎ 10
(3)　a　①　　　　②　　　　　b　①　　　　②　　　　　　　◎ 11

2 「ハ」の音に気をつけて聴いてみましょう。　◎ 7

会話として、初めの人の発話に続く会話は、どれが適当でしょうか。適当なほうを①と②から選んでください。
(1) 女：セーター、もう1枚、バッグに入れて行ったほうがいいよ。
　　男：①　もういらないよ。
　　　　②　もう入らないよ。

(2) 男：まだだれも知らないよね。　◎ 8
　　女：①　山田さんは走っていますよ。
　　　　②　山田さんは知っていますよ。

3 音の切れ目や助詞に気をつけて聴いてみましょう。　◎ 9

会話として、初めの人の発話に続く会話は、どれが適当でしょうか。適当なほうを①と②から選んでください。
(1) 男：こっちの猫は拾って来たんですよ。
　　女：①　この課はいいのですか。
　　　　②　このかわいいのですか。

(2) 母　　：どうして、手、曲げてるの。　◎ 10
　　男の子：①　だって、ここにいたいんだもん。
　　　　　　②　だってここ痛いんだもん。

(3) a　男：田中さん、何をくれたんですか。　◎ 11
　　　　女：①　海苔をくれたんです。
　　　　　　②　乗り遅れたんです。
　　b　男：遅いですね。どうしたんですか。
　　　　女：①　海苔をくれたんです。
　　　　　　②　乗り遅れたんです。

4 「だれが」と「だれか」、「どこが」と「どこか」、「何が」と「何か」、「どちらが」と「どちらか」、「いつが」と「いつか」に注意して聴きましょう。文全体の音の調子も違いますから、そこに気をつけて聴いてみましょう。

まず、例を聴いてください。初めにどちらの文を読みましたか。

［例］ a　どこか痛いんですか。

　　　 b　どこが痛いんですか。

次に読む文では、a、bどちらのことばが使われていますか。　◎ 13

(1)　a　何が　　　　　b　何か

(2)　a　どちらが　　　b　どちらか　　　　　　　　　　　　◎ 14

(3)　a　だれが　　　　b　だれか　　　　　　　　　　　　　◎ 15

(4)　a　だれが　　　　b　だれか　　　　　　　　　　　　　◎ 16

(5)　a　いつが　　　　b　いつか　　　　　　　　　　　　　◎ 17

ヒント

　「何がある？」「何かある？」の２文の違いは、「何が」と「何か」の助詞の違いだけではありません。次に示すように、前者では、「何」が最も聞きたい部分でそこが高く発音されます。一方後者では、あるかどうかが問題で、「ある」が高く発音されています。このように文のイントネーションによっても二つの文を区別することができます。

　　　　「なにがある？」　　「なにかある？」　　◎ 18

4　「だれが」と「だれか」、「どこが」と「どこか」、「何が」と「何か」、「どちらが」と「どちらか」、「いつが」と「いつか」に注意して聴きましょう。文全体の音の調子も違いますから、そこに気をつけて聴いてみましょう。

まず、例を聞いてください。初めにどちらの文を読みましたか。

［例］　　どこが痛いんですか。

　　　　　どこか痛いんですか。

正しい答えは、bです。では、始めましょう。

次に読む文では、a、bどちらのことばが使われていますか。　　◎ 13

　(1)　結婚プレゼントに、何がほしい？

　(2)　どちらか行きますか。　　◎ 14

　(3)　じゃ、だれが行くことにする？　　◎ 15

　(4)　だれか見てたんですか。　　◎ 16

　(5)　いつかよろしいですか。　　◎ 17

5　どこが強調されているか、ことばの切れ目に注意して聴いてみましょう。

次に読む文は、どちらの意味でしょうか。適当なほうを選んでください。a
とbを続けて聴いて比べてみましょう。

(1)　a　①　一番前に書かれている文を読む。　　　◎ 20

　　　　②　まず、読む。

　　　b　①　一番前に書かれている文を読む。

　　　　②　まず、読む。

(2)　a　①　上手だと言ったのは、中村さんである。　　　◎ 21

　　　　②　上手だと言ったのは、中村さんではない。

　　　b　①　上手だと言ったのは、中村さんである。

　　　　②　上手だと言ったのは、中村さんではない。

(3)　a　①　本をなくしたのは母である。　　　◎ 22

　　　　②　本を借りたのは母である。

　　　b　①　本をなくしたのは母である。

　　　　②　本を借りたのは母である。

ことば遊び　その1　　回文　　　◎ 23

上から読んでも下から読んでも同じことばになる文を回文といいます。

こういうことばの遊びができるのは、日本語のかなのほとんどが子音と母音が始めからくっついて一つの音を表す文字だからです。

1　くさのなはしらずめずらしはなのさく（草の名は知らず珍し花の咲く）

2　わたしまけましたわ（わたし負けましたわ）

3　だんすがすんだ（ダンスがすんだ）

4　なつまでまつな（夏まで待つな）

5　たけやがやけた（竹屋が焼けた）

6　るすになにする（留守に何する）

7　たしかにかした（確かに貸した）

5　どこが強調されているか、ことばの切れ目に注意して聴いてみましょう。

次に読む文は、どちらの意味でしょうか。適当なほうを選んでください。
aとbを続けて聴いて比べてみましょう。

(1)　a　初めに、書かれている文を読んでください。　　◎ 20
　　　b　初めに書かれている文を読んでください。

(2)　a　中村さんは上手だ、と言いました。　　◎ 21
　　　b　中村さんは、上手だと言いました。

(3)　a　母が、借りた本をなくしてしまった。　　◎ 22
　　　b　母が借りた本をなくしてしまった。

6　動詞の「カエル」のアクセントに気をつけて聴いてみましょう。　◎ 24

次の会話の中で、「カエル」の部分が文の意味に合うように適当な漢字を選んでください。

a　①換える　②買える　③飼える　④帰る
b　①換える　②買える　③飼える　④帰る　◎ 25
c　①換える　②買える　③飼える　④帰る　◎ 26
d　①換える　②買える　③飼える　④帰る　◎ 27

7　一つの文に同音語が入っています。アクセントの違いに気をつけて聴いてみましょう。　◎ 28

同音語に当たることばの漢字は、初めにどちらの漢字（a）で、次にどちらの漢字（b）の意味で読んでいるか、アクセントの違いに気をつけて、正しいほうを選んでください。

		a			b		
(1)	コウカイ	①後悔	②公開		①後悔	②公開	
(2)	イライ	①以来	②依頼		①以来	②依頼	
(3)	カンジョウ	①感情	②勘定		①感情	②勘定	
(4)	ケイキ	①景気	②契機		①景気	②契機	◎ 29
(5)	ケッコウ	①決行	②結構		①決行	②結構	
(6)	コウジョウ	①向上	②工場		①向上	②工場	
(7)	ジシン	①自信	②自身		①自信	②自身	◎ 30
(8)	ショウガイ	①障害	②生涯		①障害	②生涯	
(9)	ツウカ	①通貨	②通過		①通貨	②通過	
(10)	デンキ	①電気	②伝記		①電気	②伝記	◎ 31
(11)	フサイ	①負債	②夫妻		①負債	②夫妻	
(12)	ヘイキ	①兵器	②平気		①兵器	②平気	

6 　動詞の「カエル」のアクセントに気をつけて聴いてみましょう。　◎ 24

次の会話の中で、「カエル」の部分が文の意味に合うように適当な漢字を選んでください。

　　a　女：これ、どこで買える？
　　　　男：ああ、それ？　コンビニにもあるよ。

　　b　女：いつ帰るの？　◎ 25
　　　　男：来週の月曜日。

　　c　女：これ、いつ換える？　◎ 26
　　　　男：うーん、もうそろそろ換えたほうがいいね。

　　d　女の子：ねえ、飼える？　この猫。　◎ 27
　　　　母　　：お兄ちゃんが喘息だから、動物はだめだって言ったでしょ。

7 　一つの文に同音語が入っています。アクセントの違いに気をつけて聴いてみましょう。　◎ 28

⑴　この話を（公開）して（後悔）した。
⑵　あれ（以来）その仕事の（依頼）はない。
⑶　（勘定）が違うと言って、客が（感情）的になった。
⑷　あの事件を（契機）に（景気）が悪化した。　◎ 29
⑸　先月は雨天（決行）の試合が（結構）多かった。
⑹　この（工場）では、品質管理が（向上）した。
⑺　わたし（自身）あまり（自信）がないんです。　◎ 30
⑻　あの人は、何の（障害）もない、幸せな（生涯）を送った。
⑼　この国の（通貨）を変える法案は、国会を（通過）しなかった。
⑽　（電気）を発明した人の（伝記）を読んでいます。　◎ 31
⑾　あの（夫妻）は（負債）を抱えて大変です。
⑿　あの国が（兵器）を開発しているのを見て、（平気）でいられますか。

話しことばでは、「声の調子」が大事な役割を果たしています。「声の調子」とは、文のイントネーションや、ポーズ、ことばを強く発音することなどです。特にイントネーションは、話し手の気持ちや発話意図をつかむ手がかりの一つとなります。イントネーションの変化だけで、同じ文でも、疑問文になったり、意味が変わったりしますから、注意して聴きましょう。各問題についてa、b、c、dは途中で止めずに聴き比べてみましょう。

1 どんな気持ちで言ったのかイントネーションから考えて、適当なほうを選んでください。

[例] 女の人はどんな気持ちで話していますか。
　　① 寒いと思っている。
　　② 寒くないと思っている。

(1) 男の人はどんな気持ちで話していますか。　◎ 33
　　a　① 同意している。
　　　　② そうだが、どうして聞いたのかと思っている。
　　b　① 同意している。
　　　　② そうだが、どうして聞いたのかと思っている。

(2) 女の人はどんな気持ちで話していますか。　◎ 34
　　a　① 喜んでいる。　　　　b　① 喜んでいる。
　　　　② 困っている。　　　　　　② 困っている。

(3) 女の子はどんな気持ちで話していますか。　◎ 35
　　a　① 頼んでいる。　　　　b　① 頼んでいる。
　　　　② 自慢している。　　　　　② 自慢している。

各問題についてa、b、c、dは途中で止めずに聴き比べてみましょう。

1　どんな気持ちで言ったのかイントネーションから考えて、適当なほうを選んでください。

まず、例をやってみましょう。女の人はどんな気持ちで話しているでしょうか。

　　[例]　　女：ねえ、寒くない？
　　正しい答えは1番です。では、始めましょう。

(1)　男の人はどんな気持ちで話していますか。　　◎ 33
　　a　女：今日、試験あるんですか。
　　　　男：そうですよ。

　　b　女：今日、試験あるんですか。急にやるなんてひどいですね。
　　　　男：そうですよ。

(2)　女の人はどんな気持ちで話していますか。　　◎ 34
　　a　こんなもの、拾っちゃった。

　　b　こんなもの、拾っちゃった。

(3)　女の子はどんな気持ちで話していますか。　　◎ 35
　　a　これ、昨日買ったの。いいでしょう。

　　b　これ、買ってよ。いいでしょう。

(4) 女の人はどんな気持ちで話していますか。　　　　　　　　◎ 36

  a ① 怒っている。

     ② 理由を聞いている。

  b ① 怒っている。

     ② 理由を聞いている。

(5) 男の人はどんな気持ちで話していますか。　　　　　　　　◎ 37

  a ① 出席しないと聞いてがっかりしている。

     ② 出席しないことを確認している。

  b ① 出席しないと聞いてがっかりしている。

     ② 出席しないことを確認している。

(6) 男の子はどんな気持ちで話していますか。　　　　　　　　◎ 38

  a ① うれしい気持ちで話している。

     ② あまりうれしくない気持ちで話している。

  b ① うれしい気持ちで話している。

     ② あまりうれしくない気持ちで話している。

(7) 女の人はどんな気持ちで話していますか。　　　　　　　　◎ 39

  a ① いい先生だと思いませんかと聞いている。

     ② 思ったよりいい先生ではなかった。

  b ① いい先生じゃなくて、がっかりした。

     ② とてもいい先生だと思っている。

  c ① 思ったよりいい先生だった。

     ② 思ったよりいい先生ではなかった。

  d ① いい先生だと思いませんかと聞いている。

     ② いい先生ではないと思っている。

(4)　女の人はどんな気持ちで話していますか。　　　　　　　◎ 36

　　a　どうして遅れたんですか。

　　b　どうして遅れたんですか。

(5)　男の人はどんな気持ちで話していますか。　　　　　　　◎ 37

　　a　土曜日のパーティー、出席しないんですか。

　　b　土曜日のパーティー、出席しないんですか。

(6)　男の子はどんな気持ちで話していますか。　　　　　　　◎ 38

　　a　試験、80点だったよ。

　　b　試験、80点だったよ。

(7)　女の人はどんな気持ちで話していますか。　　　　　　　◎ 39

　　a　女：今度の先生、いい先生じゃない。
　　　　男：そうかなあ。

　　b　女：今度の先生、いい先生じゃない。
　　　　男：そうだね。

　　c　女：今度の先生、いい先生じゃない。
　　　　男：うーん。

　　d　女：今度の先生、いい先生じゃない。
　　　　男：ほんとだね。

(8)　男の人はどんな気持ちで話していますか。　　　　　　◎ 40

　　a　①　本当に分からないと思っている。

　　　　②　相手に対して怒っている。

　　b　①　本当に分からないと思っている。

　　　　②　相手に対して怒っている。

(9)　男の人はどんな気持ちで話していますか。　　　　　　◎ 41

　　　　①　相手の気持ちを聞いている。

　　　　②　自分で自信を持って言っている。

(10)　男の人はどんな気持ちで話していますか。　　　　　　◎ 42

　　　　①　山田がいるかどうか分からない。

　　　　②　山田がいると思っている。

(11)　女の人はどんな気持ちで話していますか。　　　　　　◎ 43

　　　　①　相手に対して怒っている。

　　　　②　相手の気持ちを聞いている。

(12)　女の人はどんな気持ちで話していますか。　　　　　　◎ 44

　　　　①　不満な気持ちを表している。

　　　　②　日にちを確認している。

(13)　女の人はどんな気持ちで話していますか。　　　　　　◎ 45

　　a　①　いっしょに喜んでいる。

　　　　②　皮肉を込めている。

　　b　①　いっしょに喜んでいる。

　　　　②　皮肉を込めている。

(14)　女の人はどんな気持ちで話していますか。　　　　　　◎ 46

　　a　①　新聞を購読するつもりである。

　　　　②　断っている。

　　b　①　書類は、問題ないと思っている。

　　　　②　書類は、いらないと思っている。

(8) 男の人はどんな気持ちで話していますか。　◎ 40

　a　女：こんなことも分からないの？

　　　男：分からないね。

　b　女：今度の首相、だれになると思う？

　　　男：分からないねえ。

(9) 男の人はどんな気持ちで話していますか。　◎ 41

　　　女：このお菓子、おいしいね。

　　　男：そうだろう。すぐ売れ切れちゃうんだよ。

(10) 男の人はどんな気持ちで話していますか。　◎ 42

　　　男：おい、山田、いるんだろう。

(11) 女の人はどんな気持ちで話していますか。　◎ 43

　　　女：どうして一人で行かせたんですか。

　　　男：しょうがないだろう。一人でだいじょうぶって言ったんだから。

(12) 女の人はどんな気持ちで話していますか。　◎ 44

　　　男：この書類、あしたまでにやっといてね。

　　　女：あしたまでですかあ。

(13) 女の人はどんな気持ちで話していますか。　◎ 45

　a　男：ちょっと1週間、フランスへ行ってきます。

　　　女：まあ、いいわねえ。

　b　男：ちょっと1週間、フランスへ行ってきます。

　　　女：まあ、いいわねえ。

(14) 女の人はどんな気持ちで話していますか。　◎ 46

　a　男：あのー、朝毎新聞なんですが、新聞1か月でいいですから購読し

　　　てもらえませんか。

　　　女：あ、けっこうです。うちは。

　b　男：あのー、書類、どうでしょうか。

　　　女：はい、けっこうです。

2　次の三つの会話を聴いてください。「まあね」と得意そうに言っているのは、
　　a、b、cの、どの会話でしょう。

　　　　　　　　a　　　　　　　　　b　　　　　　　　c

ことば遊び　その2　川柳  48

　次に書いてあるものは川柳です。川柳は俳句と同じ字数で作る短い詩ですが、
ユーモアを入れておもしろく作ったものです。川柳には駄洒落を使ったものがあ
ります。駄洒落というのは、同じ音や似た音を繰り返すことでユーモアを出すこ
とばの遊びです。以下の川柳もこのような駄洒落を使ったものです。どこが洒落
になっているか考えてみましょう。

1　食べざかり子のおさがりを父が着る　＜45歳会社員＞

2　半生を反省と書く五〇年　＜間もなく定年＞

3　有休を遊休に出来ないオヤジ族　＜金欠亭主＞

4　クレジット支払いかさみ暮れじっと　＜カード趣味＞

5　上司より女史にしたがう新入生　＜えびすざけ＞

6　忘年会笑う門には角がたつ　＜八方美男＞

7　お食事券とりあう我が社の汚職事件　＜ハラペコおじさん＞

8　回顧より解雇が怖い年の暮れ　＜サラリーマンの代弁＞

9　転々と天職求め転職し　＜ハコテンフリオ＞

2　次の三つの会話を聴いてください。「まあね」と得意そうに言っているのは、
　　a、b、cの、どの会話でしょう。

　　a　女：お宅の息子さん、いつも元気で……。
　　　　男：ええ……、まあねえ……。

　　b　女：料理、おいしいね。
　　　　男：あ、ええ、まあね。

　　c　女：料理、おいしいね。
　　　　男：うーん。まあね。

3 　会話として次に続くものはどれが適当でしょうか。適当なほうを①と②から
　　選んでください。

　　(1)　a　①　　　②
　　　　　b　①　　　②

　　(2)　a　①　　　②　　　　　　　　　　　　　　　　　　　　　　　　◎ 50
　　　　　b　①　　　②

ことば遊び　その3　　早口ことばが言えますか　　　◎ 51

　早口ことばは、舌の位置や口の構えの違いを利用して言いにくい文を作ることば
の遊びです。次の早口ことばが言えるかどうかやってみましょう。

1　となりのきゃくはよくかきくうきゃくだ（隣の客はよく柿食う客だ）

2　あのたけがきにだれたけたてかけた（あの竹垣にだれ竹立てかけた）

3　かえるぴょこぴょこみぴょこぴょこあわせてぴょこぴょこむぴょこぴょこ

　　（カエルピョコピョコ三ピョコピョコ合わせてピョコピョコ六ピョコピョコ）

4　しんしんしゃんそんかしゅしんしゅんしゃんそんしょう

　　（新進シャンソン歌手新春シャンソンショー）

5　ばすがすばくはつばすがすばくはつ（バスガス爆発バスガス爆発）

6　このくぎひきぬきにくいくぎ（この釘引き抜きにくい釘）

3 会話として次に続くものはどれが適当でしょうか。適当なほうを①と②から
選んでください。

(1) a 男：犬がいなくなった。
　　　　女：① 探しに行こう。

　　　　　　② そうなのよ。

　 b 男：犬がいなくなった。
　　　　女：① 探しに行こう。

　　　　　　② そうなのよ。

(2) a 女A：なんか、食べたくない。　　　
　　　　女B：① じゃ、食べなくていいよ。

　　　　　　② ほんと、おなかすいたね。

　 b 女A：なんか、食べたくない。
　　　　女B：① じゃ、食べなくていいよ。

　　　　　　② ほんと、おなかすいたね。

❻

話の展開を予測する

わたしたちは、ふだん話を聴いているとき、無意識に話の続きを予測しているものです。したがって、場合によっては最後まで聴かなくても、次に話されることや結論が分かることがあります。このように話の展開を予測することは、話を理解する上での助けとなります。

この章では、呼応する表現、声の調子、前半の内容等を手がかりに話の先を予測しながら聴く練習をしてみましょう。

※Ⅰ、Ⅱの基本練習の後、 1 から 7 の問題があります。

　Ⅲの基本練習の後、 8 から 15 の問題があります。

Ⅰ　呼応する表現に注意して聴く

副詞や接続詞の中には、次にどのようなことばが続くか、予測できるものがあります。例えば、「ぜひ」ということばの後には「来てください」とか「行きたいです」など、依頼や希望の表現が続きます。このようにはっきりした呼応関係を持たない表現でも、話し手の表現したい気持ちをはっきりさせるものもたくさんあります。「やっと」ということばがあれば、話し手が長い間待っていたことが分かりますし、「ところが」ということばがあれば、次は予想に反した内容が話されるということが分かるでしょう。

したがって、聴き取りのときには、このような副詞表現や接続表現に注意していると、話の展開が予測できるようになります。

[基本練習]
　初めに、基本練習をやってみましょう。

1　次の会話を聴いて、後に何と続くか考えてみましょう。最後に言う「一応」ということばに注意して予想してください。

　　　男：田中さん、この仕事、やってくれるかなあ。
　　　女：最近、忙しいって言ってたからだめだと思うけど、一応＿＿＿＿

　　＿＿＿＿＿＿＿＿＿＿＿＿＿＿＿＿＿＿＿＿＿＿＿＿＿＿＿＿＿。

2　次の話を聴いて、後に何と続くか考えてみましょう。「以前は」ということばと「最近では」ということばに注意して予想してください。

　　　以前は、授業中におしゃべりする学生がたくさんいたもんだけど、
　　　最近では、＿＿＿＿＿＿＿＿＿＿＿＿＿＿＿＿＿＿＿＿＿＿＿＿。

Ⅱ　文全体のリズム、速さ、抑揚に気をつけて聴く

会話において、話し手の意図や感情は、発話の速度、抑揚（イントネーション）などを通して自然に発話の中に表れてきます。こうした文のイントネーション、速さ、リズムなどに注意することで、次に展開される話の内容が予測できることも、多くあります。特に、文の最後が、上がりイントネーションか、下がりイントネーションか、注意して聴くようにしましょう。

[基本練習]
初めに、基本練習をやってみましょう。

次の会話をイントネーションに注意して聴いてください。男の人は「そうだね」の後に何と言うか考えて適当だと思うほうを選んでください。
男の人と女の人の会話です。

1　女：今度の集まり、卒業生にも連絡しましょうか。
　　男：そうだねえ……。

　　　① そうしよう。
　　　② 今回は、いいんじゃないの？

2　女：今度の集まり、卒業生にも連絡しましょうか。
　　男：そうだね。

　　　① そうしよう。
　　　② 今回は、いいんじゃないの？

1　レストランについての会話　◎ 56

夫婦の会話です。夫は最後に何と言うでしょう。適当なほうを選んでください。

　　　　　①　　　　　②

2　伊藤さんと山下さんの会話　ほか　◎ 57

1　伊藤さんと山下さんの会話です。山下さんは何と言うでしょう。適当なものを選んでください。

　　　　　①　　　　　②　　　　　③

2　夫婦の会話です。妻は何と言うでしょう。適当なものを選んでください。

◎ 58

　　　　　①　　　　　②　　　　　③

3　部長と部下の会話　◎ 59

部長と部下の会話です。部下は何と言うでしょう。適当なものを選んでください。

　　　　　①　　　　　②　　　　　③

| 4 | おじいさんと<ruby>孫<rt>まご</rt></ruby>の<ruby>会話<rt>かい わ</rt></ruby> | ◎ 60 |

おじいさんと<ruby>孫<rt>まご</rt></ruby>の<ruby>会話<rt>かい わ</rt></ruby>です。<ruby>孫<rt>まご</rt></ruby>は<ruby>何<rt>なん</rt></ruby>と<ruby>言<rt>い</rt></ruby>うでしょう。<ruby>適当<rt>てきとう</rt></ruby>なものを<ruby>選<rt>えら</rt></ruby>んでください。

     ①   ②   ③

| 5 | <ruby>天気予報<rt>てん き よ ほう</rt></ruby> | ◎ 61 |

<ruby>次<rt>つぎ</rt></ruby>は<ruby>天気予報<rt>てん き よ ほう</rt></ruby>です。<ruby>最後<rt>さいご</rt></ruby>に<ruby>何<rt>なん</rt></ruby>と<ruby>続<rt>つづ</rt></ruby>くでしょう。<ruby>適当<rt>てきとう</rt></ruby>なものを<ruby>選<rt>えら</rt></ruby>んでください。

     ①   ②   ③

| 6 | <ruby>映画館<rt>えい が かん</rt></ruby>の<ruby>係員<rt>かかりいん</rt></ruby>と<ruby>客<rt>きゃく</rt></ruby>の<ruby>会話<rt>かい わ</rt></ruby> | ◎ 62 |

<ruby>映画館<rt>えい が かん</rt></ruby>の<ruby>係員<rt>かかりいん</rt></ruby>とお<ruby>客<rt>きゃく</rt></ruby>さんが<ruby>電話<rt>でん わ</rt></ruby>で<ruby>話<rt>はな</rt></ruby>しています。<ruby>係員<rt>かかりいん</rt></ruby>は<ruby>最後<rt>さいご</rt></ruby>に<ruby>何<rt>なん</rt></ruby>と<ruby>言<rt>い</rt></ruby>うでしょう。<ruby>適当<rt>てきとう</rt></ruby>なものを<ruby>選<rt>えら</rt></ruby>んでください。

     ①   ②   ③

| 7 | お<ruby>母<rt>かあ</rt></ruby>さんと<ruby>子供<rt>こ ども</rt></ruby>の<ruby>会話<rt>かい わ</rt></ruby> | ◎ 63 |

お<ruby>母<rt>かあ</rt></ruby>さんと<ruby>子供<rt>こ ども</rt></ruby>の<ruby>会話<rt>かい わ</rt></ruby>です。お<ruby>母<rt>かあ</rt></ruby>さんは<ruby>最後<rt>さいご</rt></ruby>に<ruby>何<rt>なん</rt></ruby>と<ruby>言<rt>い</rt></ruby>うでしょう。<ruby>適当<rt>てきとう</rt></ruby>なものを<ruby>選<rt>えら</rt></ruby>んでください。

     ①   ②   ③

Ⅲ　聴き取った語句を中心に話の内容を理解し、次の展開を予測する

まとまった内容の話では、聴き取った語句から話の流れをつかむことが重要になります。ⅠとⅡで練習したことをもとに、どのような方向に話が進んでいくのかに注意して聴くことが大切です。その際、話がプラスの方向、マイナスの方向のどちらに展開していくかに注意すると、聴き取りが楽になることがあります。

[基本練習]

初めに、基本練習をやってみましょう。

次の話を聴いて、後に何と続くか考えて、一番適当だと思うものを①～③から選んでください。

今は、手紙や電話で連絡するより、Eメールを使うことが多くなってるけど、メールって、気をつけなくちゃいけないですよね。こちらが出したものを勝手にほかの人に送られることがあるでしょ。うっかり変なこと、書けないですよね。

　だから、メールは、＿＿＿＿＿＿＿＿＿＿＿＿＿＿＿＿＿＿＿＿＿＿＿＿＿＿。

　①　気楽な気持ちで出せるからいいですね。
　②　ほかの人に見られてもかまわないと思って書いたほうがいいですね。
　③　便利で、みんながよく使うんでしょうね。

大家さんとタンさんの会話　◎ 65

大家さんとタンさんの会話です。タンさんは最後に何と言うでしょう。適当なものを選んでください。

　　　　①　　　　②　　　　③

9　**腰痛についての会話**　◎ 66

会社の同僚同士の会話です。女の人は最後に何と言うでしょう。適当なものを選んでください。

　　　　①　　　　②　　　　③

10　**子供のころから音楽好きで**　◎ 67

ある人の話です。最後に何と続くでしょう。適当なものを選んでください。

　　　　①　　　　②　　　　③

温暖化の話です。最後に何と続くでしょう。適当なものを選んでください。

① 　　　　 ② 　　　　 ③

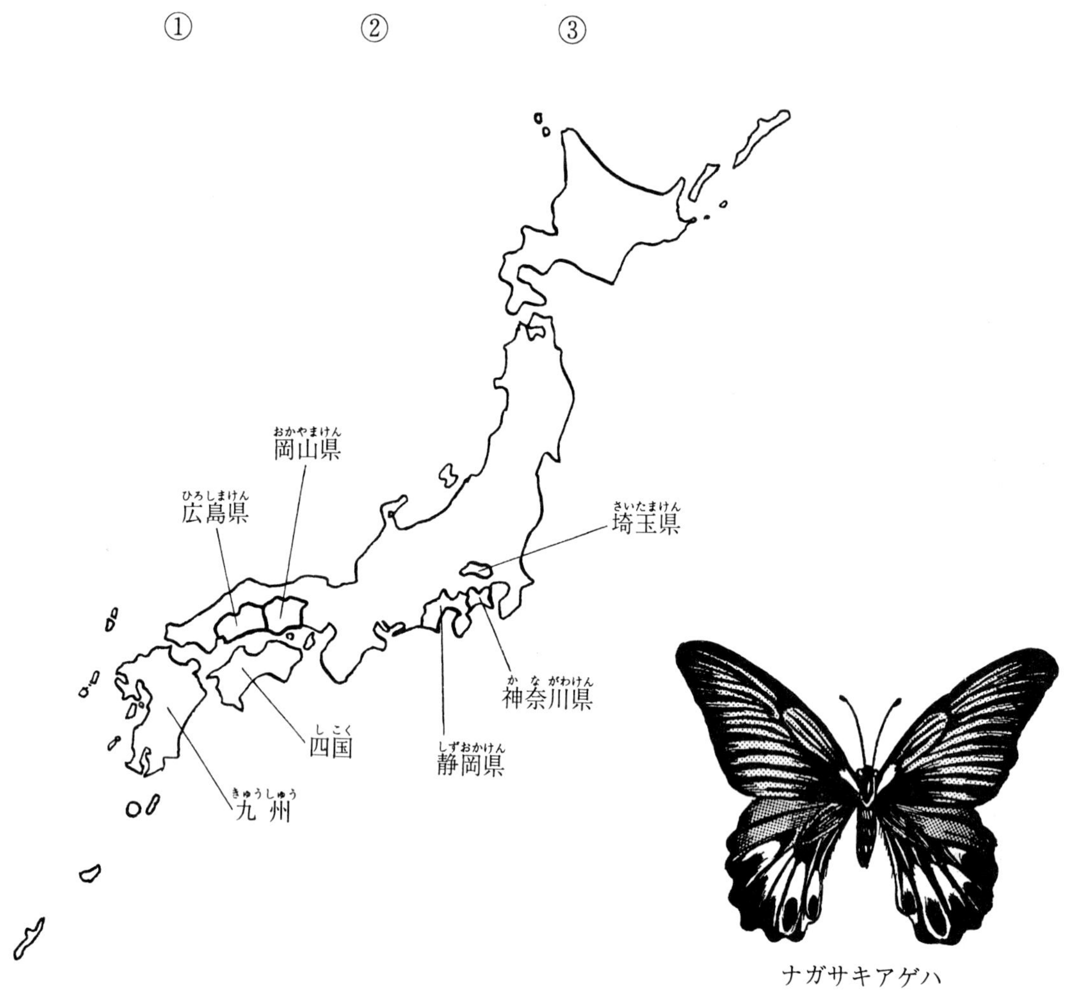

ナガサキアゲハ

※ことば：温暖化　　熱帯　　亜熱帯　　昆虫　　生息

　僕にとっての「秘密基地」　 69

ある人の話です。最後に何と続くでしょう。適当なものを選んでください。

①　　　　　②　　　　　③

13　ヒット商品　◎ 70

ヒット商品についての話です。最後に何と続くでしょう。適当なものを選ん
でください。

①　　　　　②　　　　　③

※ことば：ヒット商品（大変よく売れている商品）

業界トップ（業界で１位のこと）

維持

14　コンピュータの導入　◎ 71

コンピュータと仕事についての話です。最後に何と続くでしょう。適当なもの
を選んでください。

①　　　　　②　　　　　③

最近引っ越しをした女性の話です。最後に何と続くでしょう。適当なものを選んでください。

①　　　　②　　　　③

※ことば：リフレッシュ（気分をさわやかにして、元気を回復すること）

7

図や絵や文字を見ながら聴く

わたしたちは実際の生活で、例えばテレビの解説番組を聴くとき、旅行会社の人からパンフレットを見ながら説明を受けるとき、図、絵、文字などを見ながら聴くことをしています。これらの視覚的情報は、話の理解の助けになります。そこで本章では、話を聴く前に、図・グラフ・絵・文字をよく見て、それらが何を表しているかを考えてから聴く練習をしましょう。

数字が出てきた場合は、それらが何を表しているのかを常に考えて聴いてください。

文字は、聴解の助けになりますが、読むのと聴くのを同時にすることは、慣れないと難しいものです。ここでは、その練習もしましょう。

1　交通事故

話を聴く前に絵をよく見てください。自動車のぶつかり方の違いに注意して
ください。

次の1〜3の話を聴いて、その内容に合う適当な絵を①〜③から選んでくださ
い。

1 ＿＿＿＿＿
2 ＿＿＿＿＿
3 ＿＿＿＿＿

①　　　　　　　　　　②　　　　　　　　　　③

※ことば：上り線（地方から都会へ、郊外から都心へ向かう道路の線。
　　　　　　その反対は下り線と言う。）

2 温泉旅行

話を聴く前にカレンダーとパンフレットをよく見てください。

3人の友達が話しています。3人はどこの温泉に行くことができるでしょう。パンフレットの①〜④から選んでください。カレンダーの □ で囲んだ日にちは、ツアーの出発予定日です。

カレンダー

3月

月	火	水	木	金	土	日
				1	2	3
4	5	6	7	8	9	10
11	12	13	14	15	16	17
18	19	20	21	22	23	24
25	26	27	28	29	30	31

①
なす温泉

特別企画
1泊2日の旅
3月19日
・24日
出発

②
くさつ温泉へ行こう！

出発日
3月9日、16日
1泊2日

③
名湯
しま温泉
（Aプラン）2日間
出発日
3月17日
24日
31日

④
しもだ温泉

―いい旅、いい宿―

出発日
3月1・15
22日が
お得です

③ フラワーパーク

はなし き まえ え み はなし ないよう すいそく
話を聴く前に絵を見て話の内容を推測してください。

ひと つ はな ながも はな
フラワーパークの人が、摘んだ花を長持ちさせるテクニックを話してくれました。
はなし き え てきとう えら
話を聴いて、それぞれ①〜③の絵から適当なものを選んでください。

はな も かえ かた
1　花の持ち帰り方　　①　　　　　②　　　　　③

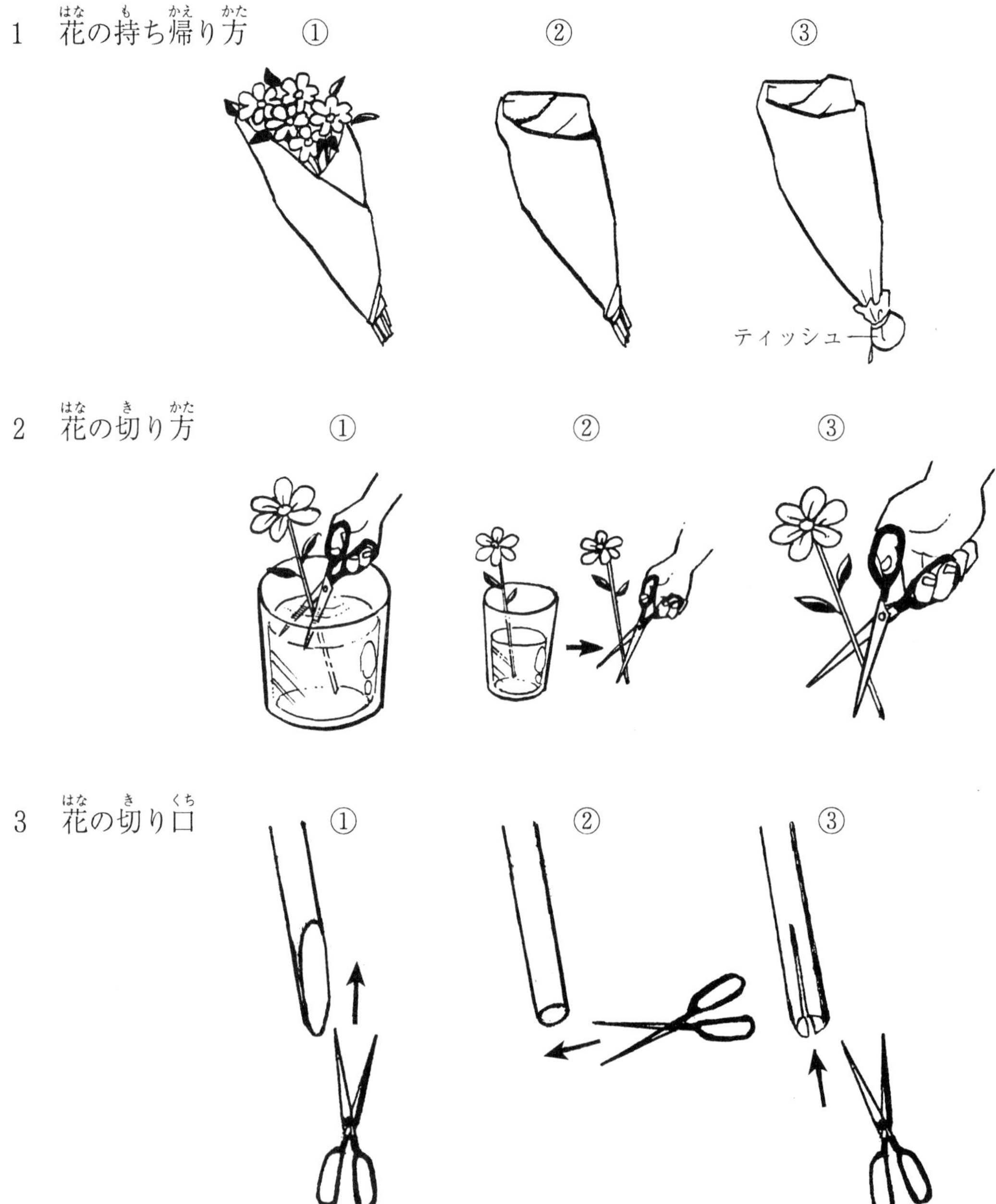

はな き かた
2　花の切り方　　①　　　　　②　　　　　③

はな き くち
3　花の切り口　　①　　　　　②　　　　　③

4　時刻表

時刻表には、いろいろな記号があります。その記号がどんな意味であるかを先に理解してください。実際の時刻表では、電車の種類（特急・急行・快速・各停）や、その電車の行き先が書いてあることがあります。

男の人と女の人が時刻表を見ながら話をしています。男の人は何時の電車に乗るでしょう。

埼京線　新宿駅発電車時刻表

時	月曜〜金曜下り（大宮・川越方面）
7	04　09カ　21カ　24　32　39カ　45　52カ　56
8	02　05カ　11　17　22カ　29　36　44カ　48　51　55　59カ
9	05カ　08　14　23カ　30　34　42カ　46カ　48　55
10	02カ　08　18　23カ　27　35　45カ　58
11	04カ　10　16　22カ　30　36　43カ　50　56

☆　カ…川越行　無印…大宮行　＿＿…快速

（実際の時刻表と同じではありません）

＿＿＿＿＿時＿＿＿＿＿分

5 ビール

話を聴く前に、グラフを読み取ってください。数字の変化、グラフの形に注目してください。増加しているか、減少しているか、変化が大きいかなど、また急激に変化した部分、変化が止まっている部分などがポイントになります。

ビールの話です。話を聴いて①〜④のグラフから適当なものを一つ選んでください。

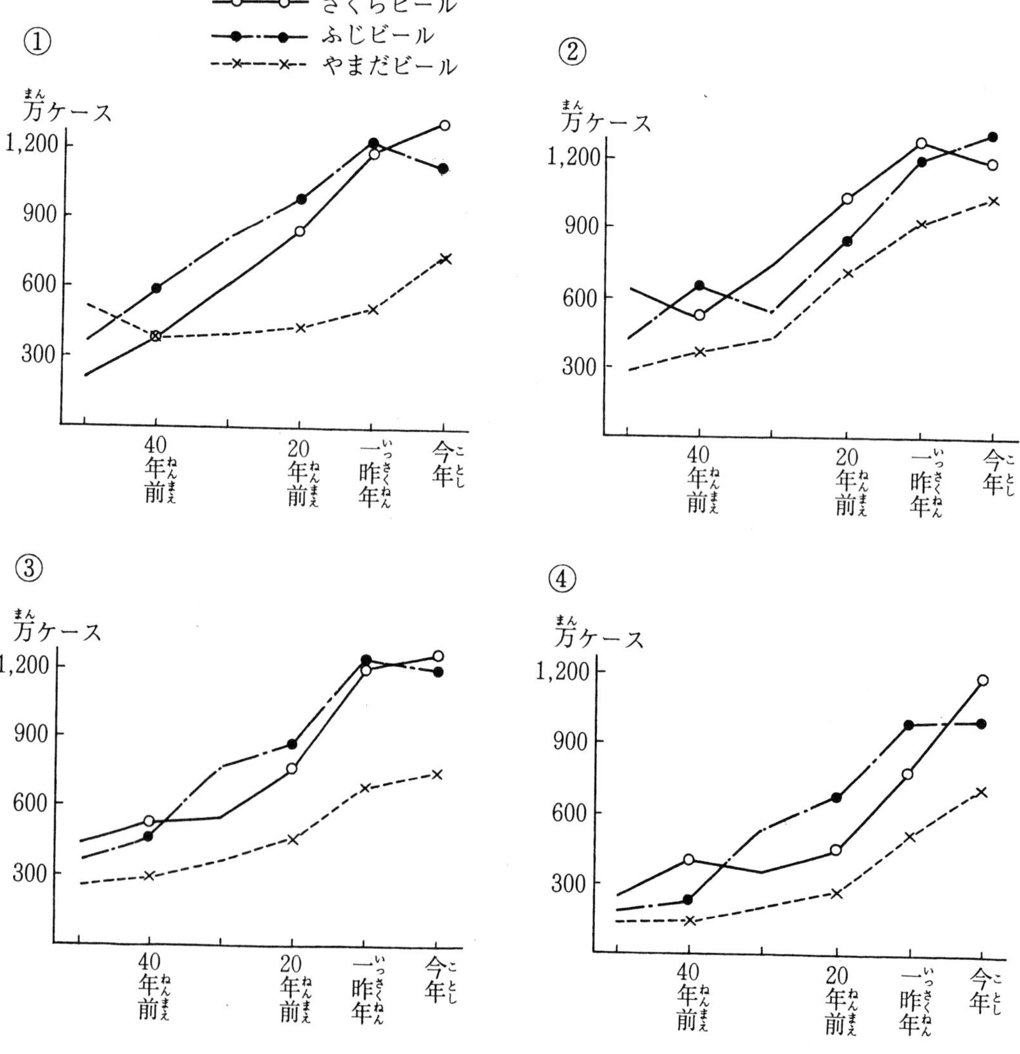

※ことば：発泡酒（麦芽使用率が67%未満の醸造酒）

6 二番目に大切なもの

話を聴く前に下のグラフを見てください。このグラフは「二番目に大切なもの
は何か」という国別アンケート調査の結果です。調査した国は、タイ、韓国、
日本、アメリカ、ドイツです。それぞれのグラフがどこの国のグラフであるの
かを推測してください。

次の説明を聴いてください。①〜④はそれぞれどの国ですか。国名を書いてく
ださい。

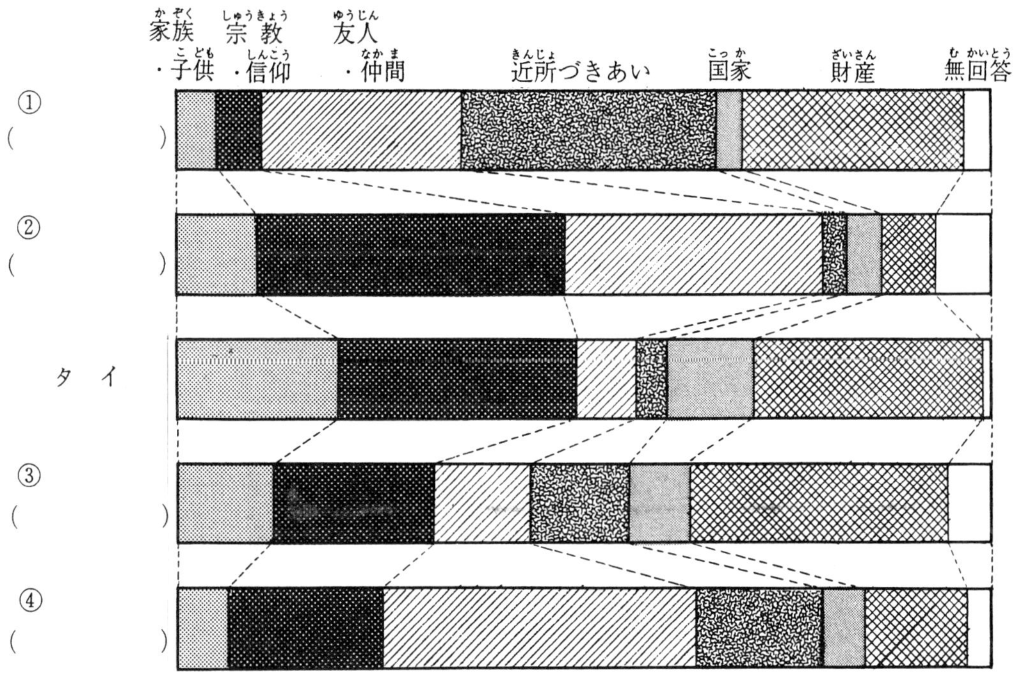

資料：内閣府「高齢者の生活と意識に関する国際比較調査」（平成7年）

7　記憶力テスト

話を聴く前に、下の絵を見て、どこに何があるか、確認してください。

男の人が、思い出しながら、部屋の説明をしています。絵を見ながら男の人が
間違っている場所、2か所に印をつけてください。

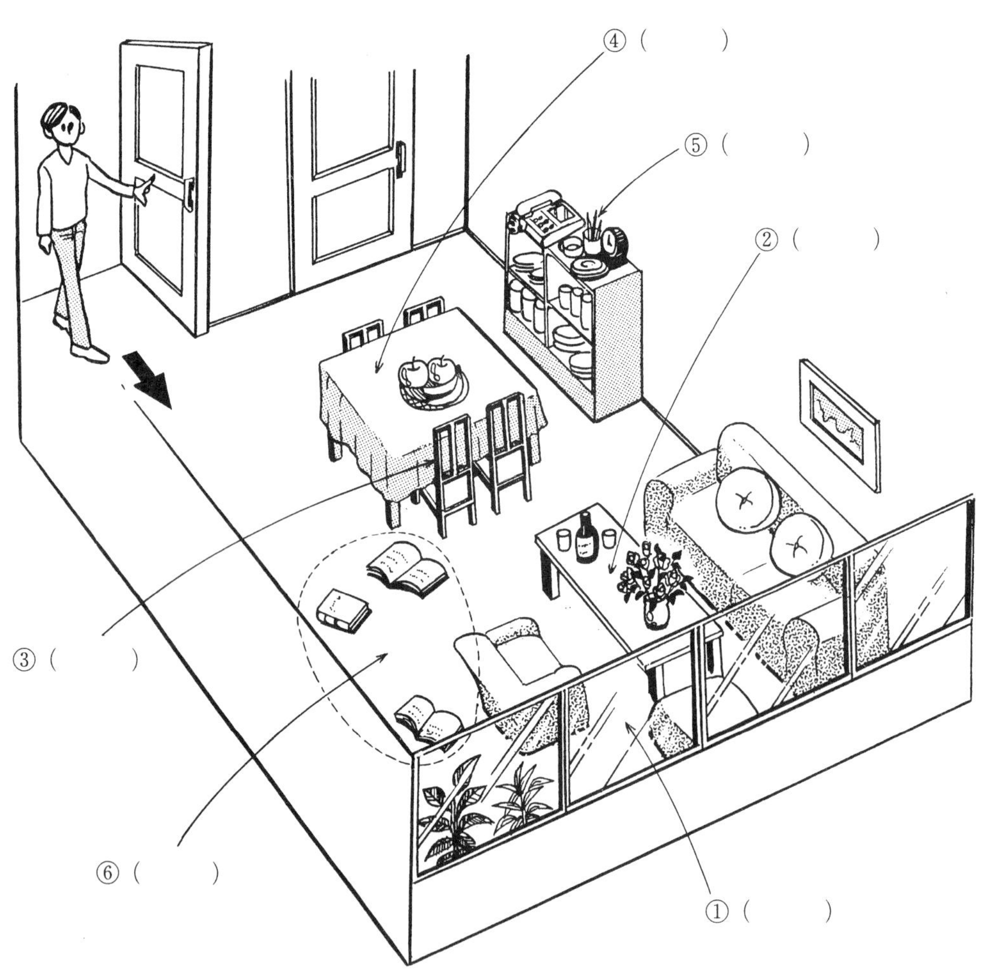

話を聴く前に、部屋の間取りを見てください。どんな部屋があるか、部屋の向き、説明と値段も確認してください。

部屋の間取りを見ながら夫と妻が話しています。二人はどの部屋を見に行くでしょう。間取りの①〜④から適当なものを選んでください。

① 風通しがいい角の3LDK
4,970万円

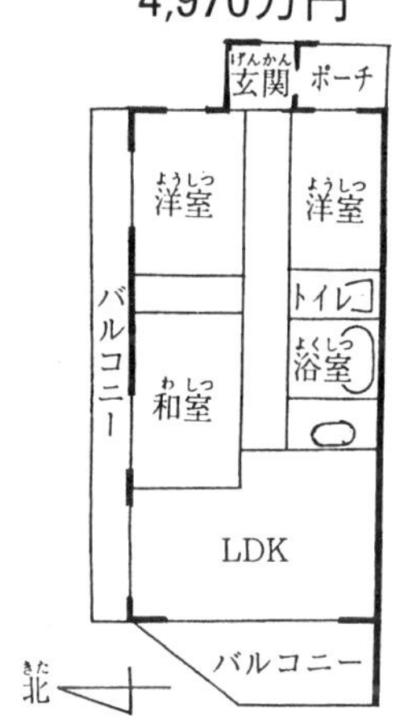

② 各部屋のゆったりした2LDK
5,050万円

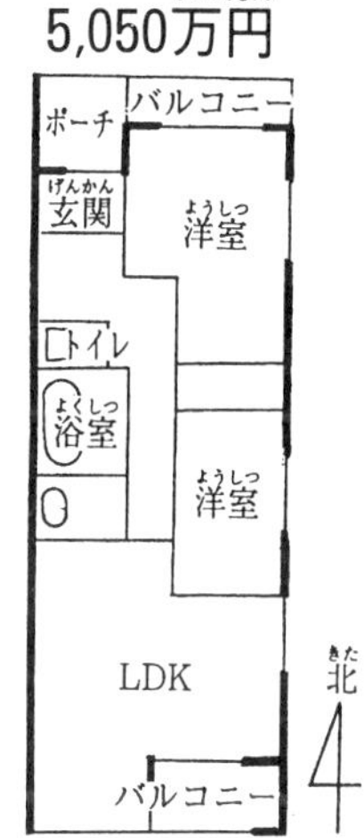

③ 住み心地の良い南面の3LDK
5,470万円

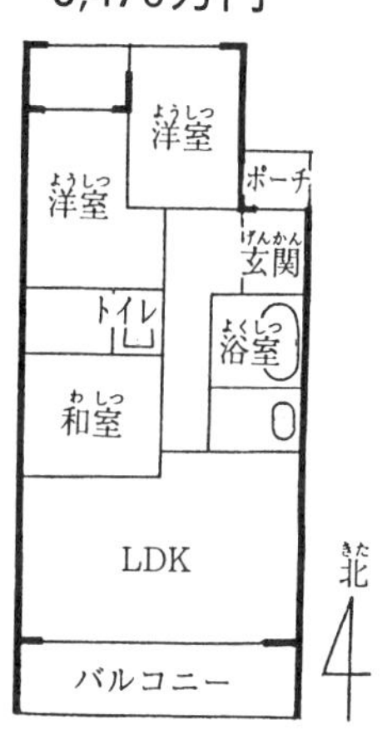

④ 開放的な3面バルコニーの3LDK
6,720万円

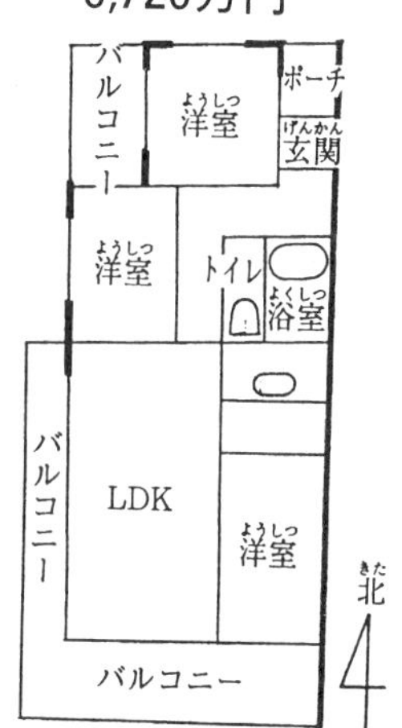

※ことば：LDK（Living, Dining, Kitchen の略）
　　　　　リビング（リビングルームの略, 洋風の居間）

⑨ 脳

話を聴く前に図をよく見てください。左脳と右脳の機能の違いがポイントです。左脳、右脳それぞれの機能を言っている部分にだけ注意をして内容を聴き取ってください。

ある教授の講演です。話を聴いて、話の内容を正しく表している図を下の①〜③から選んでください。

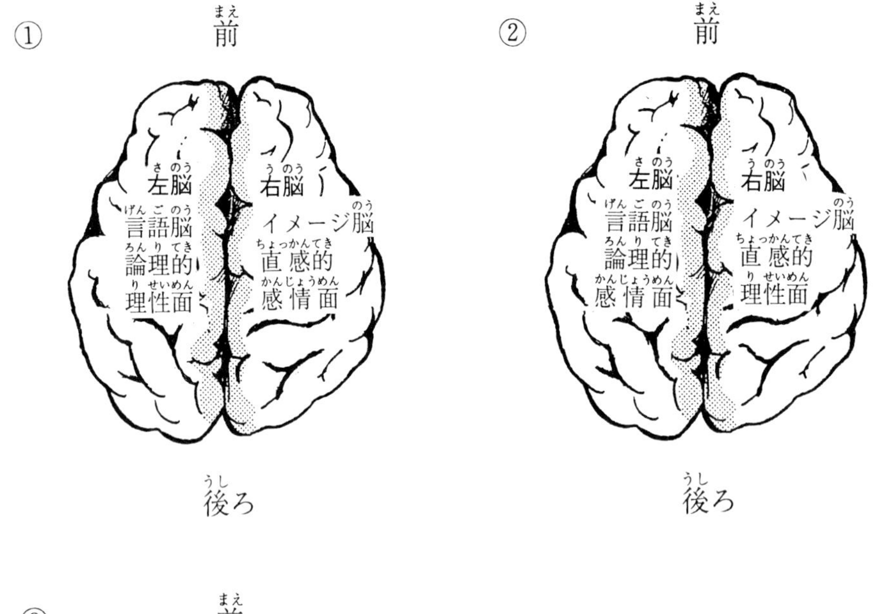

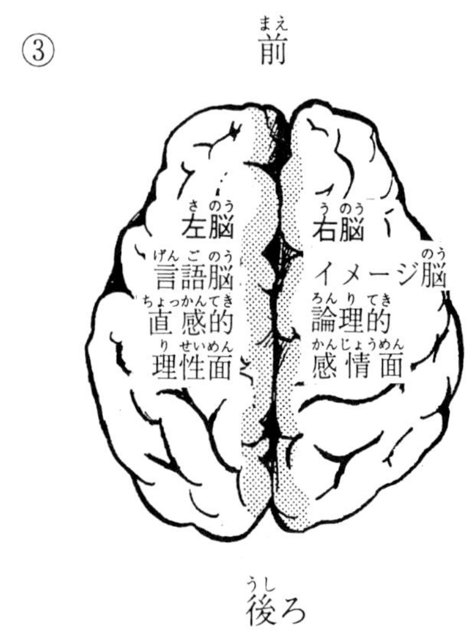

話を聴く前にグラフを見てください。特に深さと温度の関係、そして変化の仕方に注目してください。また、深さの単位にも気をつけてください。

地中の温度の変化について話しています。話を聴いて、話の内容を正しく表しているグラフを下の①〜④から一つ選んでください。

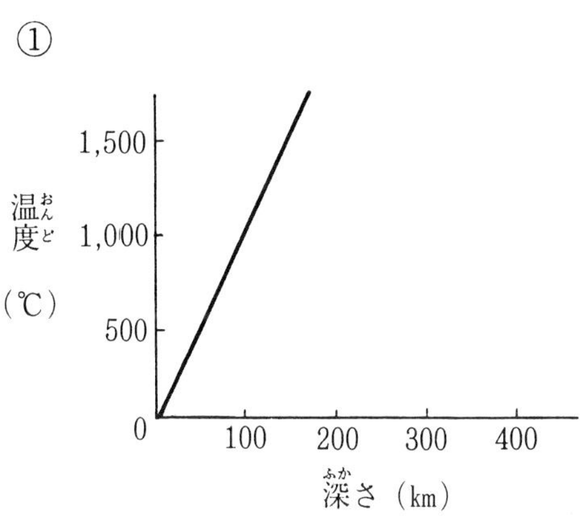

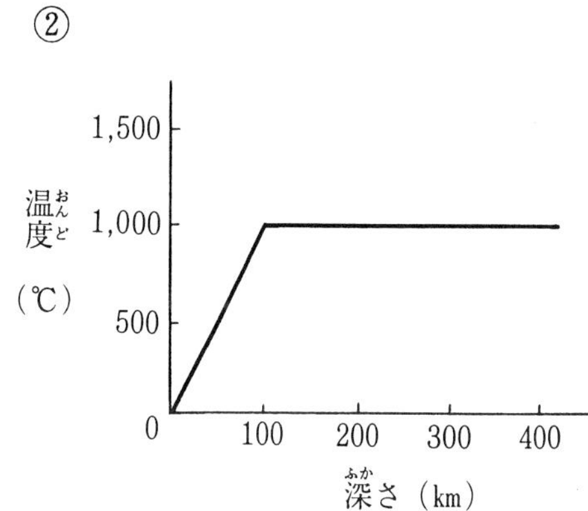

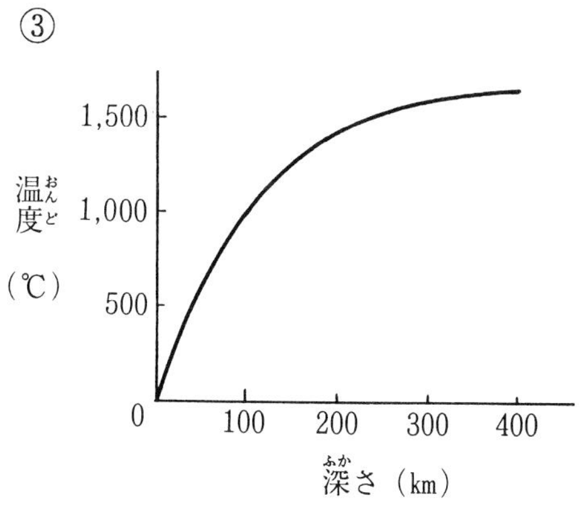

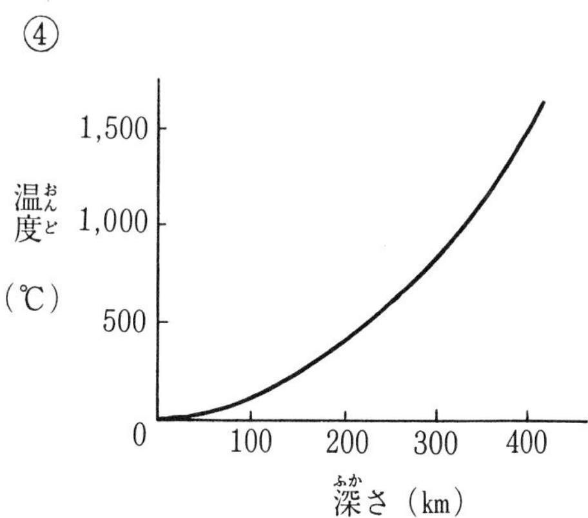

聴解と読解を兼ねた問題です。話を聴く前に問題文と表を読んで理解してください。

女性の部長と男性の部下が話しています。男の人が今、実際にやっていること、これからやろうとしていること、できないと思っていることはそれぞれどれですか。（　　）の中に番号を入れてください。

1　男の人が今、実際にやっていることはどれですか。　　　（　）（　）

2　これからやろうとしていることはどれですか。　　　　　（　）（　）

3　できないと思っていることはどれですか。　　　　　　　（　）（　）

国民の努力（抜粋）	二酸化炭素の削減見込み量
①駐停車時はエンジンを切る	14万〜28万トン
②歯磨き、洗顔中は水を止める	9万〜17万トン
③ふろの残り湯を洗濯に使う	24万〜46万トン
④シャワーを1日1分間、家族全員が短くする	93万トン
⑤電力消費の少ない電子レンジ普及	35万〜68万トン
⑥買い物袋を持ち、包装の少ない野菜を買う	83万トン
⑦食器洗い機でお湯消費削減	118万〜160万トン
⑧テレビを見る時間を1日1時間減らす	19万〜35万トン
⑨家族が同じ部屋でだんらん、暖房や照明利用2割減	341万〜467万トン
⑩冷房温度を28度に上げ、暖房を20度以下に下げる	44万〜85万トン

（政府の新地球温暖化対策推進大綱　2002.3.19より）

大意をつかむ　2

　上巻の「大意をつかむ　1」では、【聴く前に】の練習をして、これから聴く話の内容をイメージすることから始めるようになっています。

　本章の「大意をつかむ　2」では、まず自分の力で大切なことばを聴き取ることから始め、次に少し細かい内容をとらえる、というように段階を追って聴く練習をしましょう。

　一度で内容を全部理解する必要はありません。分からないところは聴き取ったことばや背景知識から推測して全体の意味を取るようにしてください。

　キーワードを的確にとらえることができれば、推測する内容も正確なものになります。ここでは、一度目でキーワードを的確に聴き取ることを目標に練習を始めてください。

1 駅のアナウンス

次のアナウンスを聴いて、正しいものを一つ選んでください。

今、この路線の電車は

① 全線止まっている。

② 部分的に動いている。

③ 全線動いているが遅れている。

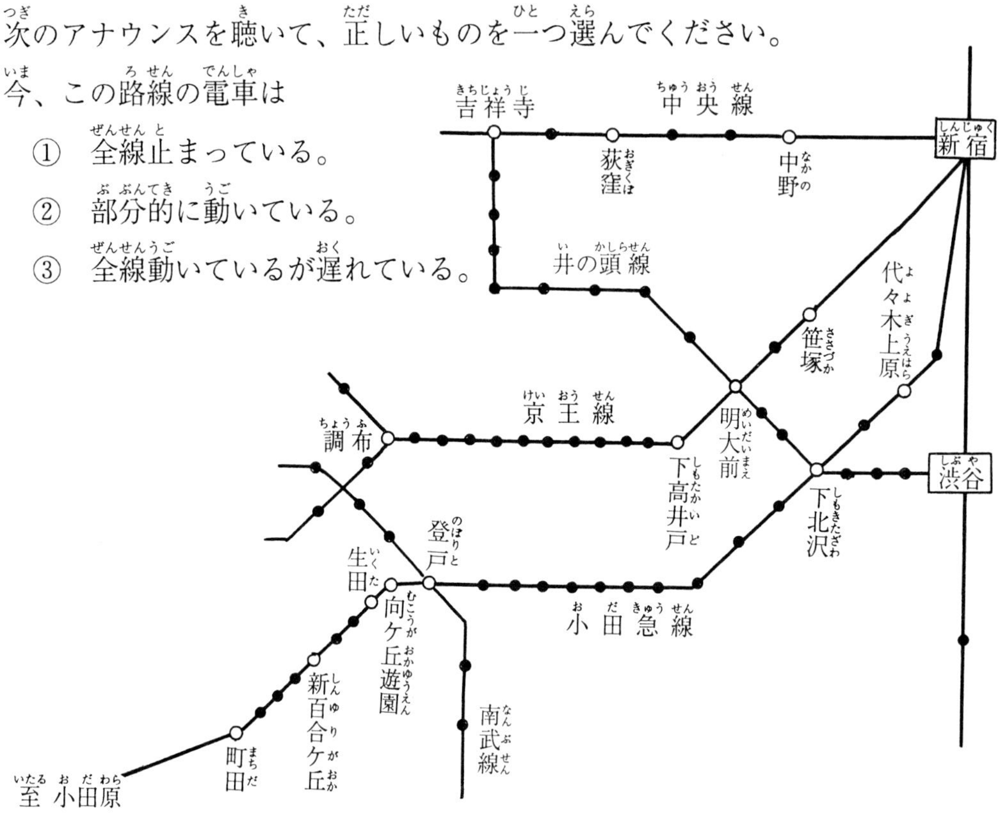

【聴いた後に】

日本の交通事情について話し合ってみましょう。

・日本の交通機関について、便利な点・不便な点

・道路事情

関連語彙

払い戻し	振り替え輸送	人身事故
運転を見合わせる	運転再開の見込み	時間調整
信号故障	車両点検	上下線
線路点検	踏み切り	上り線／下り線
安全確認		

次の話は何についての話ですか。キーワードを聴き取り、適当なものを一つ選んでください。

① 美術館に展示されている絵について
② 最近見つかった中国の王の墓について
③ 古墳の中で見つかった壁画について
④ 半分動物で半分人間の形をした彫刻について

【聴いた後に】

1　体の半分が人間で、半分が動物であるものを、あなたは知っていますか。

2　古墳の中から出てくるものには、どんなものがあるでしょう。

3　あなたの国では、位の高い人が亡くなった後、どのようにまつられますか。

3 電子メール

次はラジオのお知らせです。どんな内容ですか。正しいものを一つ選んでください。

① 新しい病院は、無料で24時間、電子メールで病気の相談ができます。
② 教育相談の回答をする教育者の応募を電子メールで受け付けています。
③ 教育に関して困ったことがあったとき、電子メールで相談できます。

【聴いた後に】

1 悩みがあるとき、どうしますか。

2 新聞やテレビのニュースで、教育に関する問題を読んだり聞いたりしたことがありますか。それは、どんなニュースでしたか。

4 出　張

部長と秘書が話をしています。会話を聴いて、次の質問に答えてください。

1　会話を1回聴いて次の質問に答えなさい。

(1)　14日から部長はどこへ行きますか。　＿＿＿＿＿＿＿＿＿＿＿

(2)　その前にどこへ行きますか。　＿＿＿＿＿＿＿＿＿＿＿

2　もう1回聴いて次の質問に答えなさい。

(1)　結局部長は、台湾へ行くのに、どこからどの飛行機に乗りますか。

　　①　関西空港から13日の11時30分
　　②　成田空港から14日の11時00分
　　③　成田空港から14日の15時00分

(2)　部長は、初めはどうして関西空港から行こうと考えましたか。適当な
　　番号を一つ選びなさい。

　　①　関西空港のほうが成田空港より時間的にいい飛行機があるから。
　　②　会社に行ってから、空港へ行こうと思ったから。
　　③　出張で、前日まで大阪にいると思っていたから。
　　④　宅配便で荷物を送ることができるから。

5 コインテスト

次はコインの意外な使い方についての話です。よく聴いて、質問に答えてください。

1回目は、何回も出てくることばに注意して話の内容を推測してください。
2回目は、コインテストとはどんなものかに注意して聴いてください。

1 話を1回聴いて、繰り返し出てくることばを書きなさい。

＿＿＿＿＿＿＿＿＿＿＿＿＿＿＿＿＿＿＿＿＿＿

2 もう1回聴いて次の質問に答えなさい。
コインテストとは何のことですか。

＿＿＿＿＿＿＿＿＿＿＿のときに＿＿＿＿＿＿を使って＿＿＿＿＿＿をチェックすることです。

※ことば：試運転　揺れ

6 都会のカラス

次は、最近、都心で問題になっているカラスの話です。よく聴いて、質問に答えてください。

1回目は、何回も出てくることばに注意して話の内容を推測してください。
2回目は、カラスが人を襲うことに注意して聴いてください。

1　話を1回聴いて、繰り返し出てくることばを書きなさい。

2　もう1回聴いて次の質問に答えなさい。
　　1年で、カラスが人を襲う事件が最も多く報告されるのは何月ごろですか。それはなぜですか。

　　　　カラスが一番多く人を襲うのは＿＿＿＿＿＿＿＿ごろです。

　　　　カラスはそのころ＿＿＿＿＿＿のので、＿＿＿＿＿＿ために人を襲います。
　　　　　　　　　　　　　　　　　　　　　　　　（何の）

【聴いた後に】
　あなたの国で問題を引き起こしている動物はいますか。

7 還暦

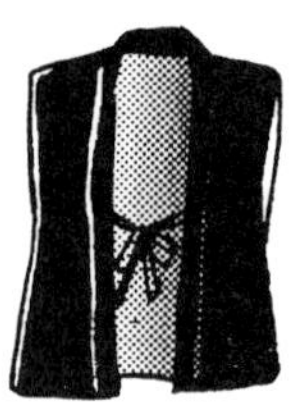

お父さんと子供の会話です。よく聴いて、質問に答えてください。
「何だろう」という疑問、「どうして」と思った理由に注意して聴いてください。

1　会話を1回聴いて、繰り返し出てくることばを書きなさい。

____

2　もう1回聴いて、次の質問に答えなさい。

(1)　赤い帽子とちゃんちゃんこを着るのはいつですか。_______________

(2)　どうしてその時、着るのですか。

　　人間は、_______年で一回りしてサイクルが一つ終わると考えられ、
　　_______歳の誕生日は_____________________という意味だから。

【聴いた後に】

1　十二支を知っていますか。

2　今年は何年ですか。

3　あなたの国には、還暦（60歳の誕生日）のようなお祝いがありますか。

8　ごま

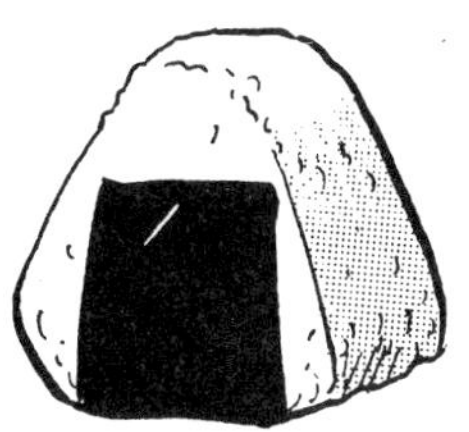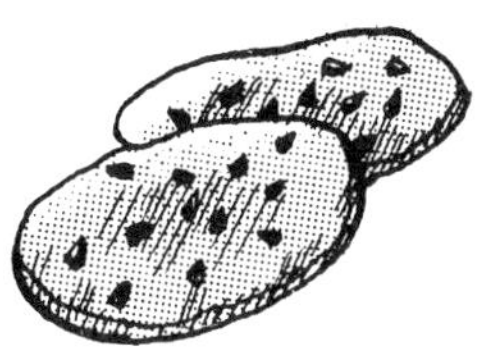

次は、ごまの話です。よく聴いて質問に答えてください。

1　話を1回聴いて、繰り返し出てくることばを書きなさい。

____

2　もう1回聴いて次の質問に答えなさい。

(1)　ごまの原産地はどこですか。＿＿＿＿＿＿＿＿

(2)　ごまをよく食べるようになったのは、日本に何が入って来たときですか。

＿＿＿＿＿＿＿＿

(3)　それはどうしてですか。

＿＿＿＿＿＿＿＿を食べるようになったので、＿＿＿＿＿＿＿＿＿＿＿＿

ごまを食べるようになりました。

※ことば：たんぱく質　栄養　精進料理

関連語彙

炭水化物　脂肪　カルシウム　鉄分

ビタミン　ミネラル

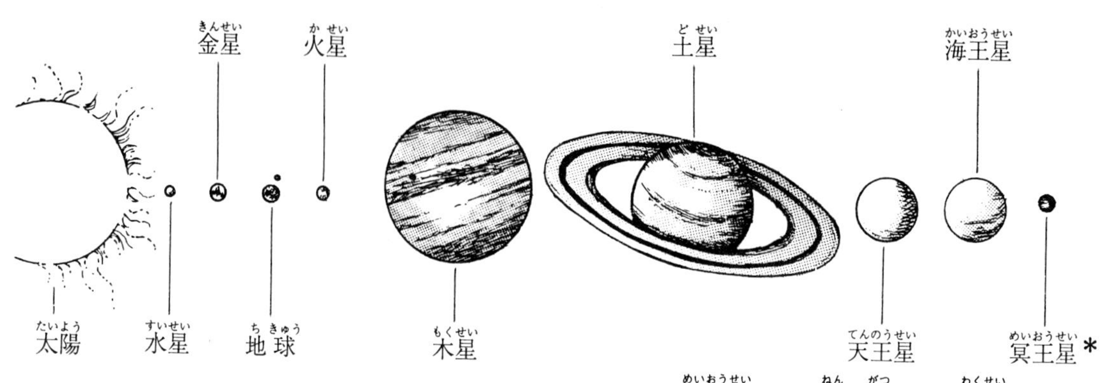

子供とお父さんが太陽系の星について話しています。よく聴いて質問に答えて
ください。

話を1回聴いて、次の質問に答えなさい。

1　お父さんは、「太陽系」をどう説明していますか。

　　________を中心として________のようにいくつかの______が集まっ

　　ているもの

2　もう1回聴いて、次の質問に答えなさい。
　　次の星に海がない理由は何ですか。

　(1)　水星、金星：________に近すぎて、____________________

　　　________________________から。

　(2)　火星：________て、水が________________から。

　(3)　月：________________て、水分が________________から。

　　　　　　　　　　※ことば：水蒸気　蒸発　凍る　重力

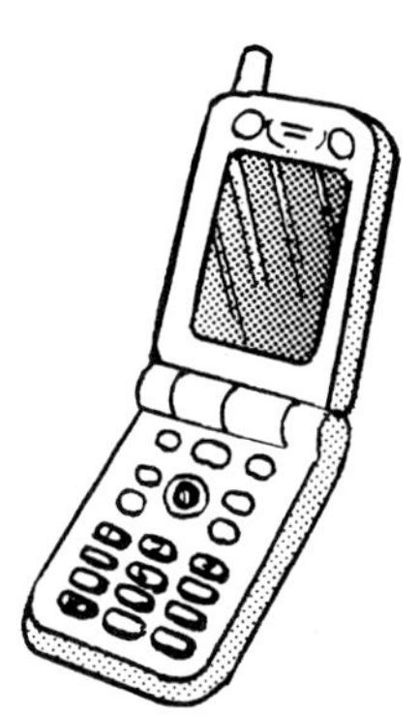

禁煙と携帯電話はどんな関係がありますか。この二つの関係に注意して話を聴いてください。

1　どんな話ですか。

　　＿＿＿＿＿＿＿＿＿で、禁煙を＿＿＿＿＿＿＿＿システムがあります。
　　（どんな手段）　　　　　　　　（どうする）

2　正しいほうを選びなさい。

　　その効果は（a　ありそうです　　b　なさそうです）。

3　成功率は、＿＿＿＿＿＿＿＿＿より高いです。

※ことば：支援　　継続率

聴き慣れないことばの意味を内容から推測し、漢字で書いてみましょう。
「なかしょく」は、どんな意味でしょうか、特に話の初めに注意して聴いてください。

1　「なかしょく」は漢字でどう書くでしょう。＿＿＿＿＿＿＿＿＿＿

2　「でぱちか」はかたかなと漢字でどう書くでしょう。＿＿＿＿＿＿＿

3　「なかしょく」とは何ですか。

　＿＿＿＿＿＿＿＿＿＿＿＿を買って＿＿＿＿＿＿で食べるものです。

4　なかしょくが売れている理由として合っているものに〇、違っているものに×をつけなさい。
　(1)（　）少しの量でも買えるから
　(2)（　）好きなものだけ選んで買えるから
　(3)（　）家庭では作れないものが買えるから
　(4)（　）便利だから

※ことば：惣菜　　ＯＬ（オーエル）

*저자 소개(50음도 순)

川口 さち子
 중국 赴日留学生予備学校 강사, 早稲田大学 言語学教育研究所 비상근 강사, 慶應義塾大学 日本語·日本文化教育センター 비상근 강사 등을 거쳐 현재 聖学院大学 人文学部 日本文化学 준교수로 근무

桐生 新子
 早稲田大学 日本語教育研究センター 비상근 강사, 東洋大学 工学部 비상근 강사

杉村 和枝
産能短期大学 留学生別科 비상근 강사, 東京農工大学 留学生センター 비상근 강사, 玉川大学 文学部外国語学科 비상근 강사를 거쳐, 현재 早稲田大学 日本語教育研究センター 비상근 강사로 근무

根本 牧
アジア福祉教育財団 大和定住促進センター 강사, インド·デリー大学 강사(국제교류기금 파견)을 거쳐 현재 朝日カルチャーセンター 강사, 東京海洋大学 보강 수업 강사

原田 明子
北海道大学留学生センター 비상근 강사, 東京農工大学留学生センター 비상근 강사, Waseda Education Thailand 주임 강사를 거쳐, 현재 오스트레일리아, 태즈메이니아 주 교육청 일본어 교육 어드바이저(adviser)

*일러스트
野口 紀子

상급 듣기의 힘을 키우는 **청해 전략**

초판인쇄_ 2010년 1월 5일
1판 3쇄_ 2010년 5월 10일

책임편집_ 김효주
디자인_ 윤미주
펴낸이_ 엄호열
펴낸곳_ (주)시사일본어사
등록일자_ 1977년 12월 24일
등록번호_ 제300-1977-31호
주소_ 서울 종로구 원남동 13번지
전화_ 1588-1582(교재구입문의)
      02)3671-0572(교재내용문의)
팩스_ 02)3671-0500
홈페이지_ http://book.japansisa.com
이메일_ tltk@chol.com

ISBN 978-89-402-4136-3 18730

원제 上級の力をつける聴解ストラテジー

川口さち子·桐生新子·杉村和枝·根本牧·原田明子 공저

해답 · 해설 · 스크립트

일본어 으뜸
(주)시사일본어사
book.japansisa.com

1

音声の特 徴をつかむ

1 聴解 力アップのコツ　その 1　つまる音（促音）　　3

[例]　もう いっぱい、いかがですか。　あ、もうけっこう です。

[練習]　発音を聴いて、小さい「つ」を正しい場所に書き込んでください。

(1)　「サイズはいかがですか」　「ええ、ぴったり です」

(2)　100円 ショップ には、色とりどりの プラスチック 製のバケツが置いてある。

(3)　みっともない から、そんな かっこう するの、やめなさい。

(4)　予想と ことなった（異なった）結果になった。

(5)　なかなか高度な テクニック を使っていますね。

(6)　雄大な景色に あっとう（圧倒）された。

(7)　あそこの息子さん、お父さんに そっくり ね。

(8)　その国の習 慣は、気候と みっせつ（密接）な関係がある。

(9)　昨日は、ぐっすり 眠りました。

2 聴解 力アップのコツ　その 2　音の変化 (1)　4

1

[例]　いちにち → いちんち （一日）　　そんなもの → そんなもん

　　わからない → わかんない　　　　たりない → たんない

［練習］　聴いた通りに書いてから、正しい形を書いてください。

（例）どようんなったら（→　どようになったら　）やろうと思って。

(1)　こんな　たかいもん（→　たかいもの　）、買えませんよ。

(2)　あの人の話、ぜんぜん　わかんなかった（→　わからなかった　）。

(3)　きのうは　いちんちじゅう（→　いちにちじゅう　）テレビ、見てた。

(4)　こんなにたくさん　たべらんない（→　たべられない　）。

(5)　急にやることが決まった　もんですから（→　ものですから　）。

(6)　あんまり　むずかしいんで（→　むずかしいので　）やめました。

(7)　そんなこと、自分で　やんなさい（→　やりなさい　）。

2　　　　　　　　　　　　　　　　　　　　　　　　　　　　　　◎　5

［例］　どこか、遊びに行こう。→　どっか、遊びに行こう。

［練習］　聴いた通りに書いてから、正しい形を書いてください。

(1)　完璧じゃないけど、まっ、いっか（→　いいか　）。

(2)　明日、花火大会があるんだって。いってみっか（→　いってみるか　）。

3　　　　　　　　　　　　　　　　　　　　　　　　　　　　　　◎　6

［例］　それはないよね。→　そりゃ、ないよね。
　　　　寝ては、だめ。　→　寝ちゃ、だめ。
　　　　鍵がなくなってしまった。　→　鍵がなくなっちゃった。

［練習］　聴いた通りに書いてから、もとの形を書いてください。

(1)　きちゃ（→　きては）だめって言ったのに、きちゃうん（→　きてしまうの　）だ
　　から。

(2)　あーあ、おとしちゃった（→　おとしてしまった　）。

(3)　人に　てつだってもらっちゃ（→　てつだってもらっては　）だめですよ。

(4)　全部　のんじゃって（→　のんでしまって　）から、次のを頼みましょうよ。

(5) くれるって言うんだから、<u>もらっちゃえよ</u>（→　もらってしまえよ　）。

(6) ボーナスが出たから、タクシーで　<u>いっちゃおうかな</u>（→　いってしまおうかな　）。

(7) <u>やんなきゃなんない</u>（→　やらなければならない　）宿題があるんなら、早く　<u>やっちゃいなさい</u>（→　やってしまいなさい　）。

(8) 疲れたんなら、ここで　<u>やすんでりゃ</u>（→　やすんでいれば　）いいよ。

---

③　聴解力アップのコツ　その3　母音の発音 　7

1

[例]　ちょっと、待っていてね。→　ちょっと、待っててね。

[練習]　聴いた通りに書いてから、もとの形を書いてください。

(1) これ、あっちに　<u>もってって</u>（→　もっていって　）。

(2) 手土産ねえ……、ケーキでも　<u>かってく</u>（→　かっていく　）？

(3) 新幹線、がらがらに　<u>すいてた</u>（→　すいていた　）よ。

(4) のど、かわいたから、お茶でも　<u>のんでこう</u>（→　のんでいこう　）よ。

(5) あの人、<u>しってても</u>（→　しっていても　）、知らないふりして<u>してる</u>（→　している　）んですよ、いつも。

2　8

[例]　この手紙、出し<u>ておいて</u>くれる？　→この手紙、出し<u>といて</u>くれる？

わたし、やって<u>あげる</u>よ。→　わたし、やっ<u>たげる</u>よ。

[練習]　聴いた通りに書いてから、正しい形を書いてください。

(1) 今のうちに　<u>やっとけば</u>（→　やっておけば　）？

(2) それ、そこに　<u>おいといて</u>（→　おいておいて　）。後で使うから。

(3) 急ぐんでしょ。　わたしが手紙、<u>だしといたげる</u>（→　だしておいてあげる　）から。

(4) 山田さん、もう会議に　<u>いったともうよ</u>（→　いったとおもうよ　）。

(5) あなたが言えないんだったら、わたしが代わりに　<u>いったげるわ</u>（→　いってあ

げるわ ）。

3　　　　　　　　　　　　　　　　　　　　　　　　　　　◎ 9

[例]　体育　たい<u>い</u>く（tai<u>i</u>ku）　→　たいく（taiku）

[練習]　母音が続くところに注意しながら、聴いてみましょう。
　(1)　たい<u>い</u>くかん（体育館）の前に集合してください。
　(2)　雨の日が続くと、ゆう<u>う</u>つ（憂鬱）な気分になるなあ。

4　　　　　　　　　　　　　　　　　　　　　　　　　　　◎ 10

[例]　終わった人、<u>てー</u>（手）、あげてください。

　　　はい、静かに<u>めー</u>（目）つぶって。

　　　集まる<u>ひー</u>（日）、早く決めましょうよ。

　　　<u>かー</u>（火）、木はひまだけど。

　　　はい、とりますよ。いち、<u>にー</u>（二）さん。

5　　　　　　　　　　　　　　　　　　　　　　　　　　　◎ 11

[例]　さっ、いこ（いこ<u>う</u>）。

　　　どうも　ありがと（ありがと<u>う</u>）。

[練習]　聴いた通りに書いてから、正しい形を書いてください。
　(1)　変な顔して、<u>どしたの</u>（→　どうしたの　）。
　(2)　ちょっと　<u>スプン</u>（→　スプーン　）取っていただけます？
　(3)　おとうさん、遅いから、先　<u>たべちゃおか</u>（→　たべてしまおうか　）。
　(4)　もう、<u>やめよ</u>（→　やめよう　）。

— 4 —

1

［例］　advice　　ア・ド・バ・イ・ス

　　　　chocolate　　チョ・コ・レ・ー・ト

［練習］　次のことばを、日本語で発音してみましょう。次にカタカナで書いてください。

　(1)　basketball　　バスケットボール

　(2)　romantic　　ロマンティック

　(3)　calendar　　カレンダー

　(4)　solar car　　ソーラーカー

　(5)　pocket　　ポケット

　(6)　program　　プログラム

　(7)　security check　　セキュリティチェック

2　　◎ 13

［練習］　次のことばを、カタカナで書いてください。

　(1)　change　　チェンジ　　　　(2)　classmate　　クラスメート

　(3)　kick　　キック　　　　(4)　request　　リクエスト

　(5)　cheese　　チーズ　　　　(6)　approach　　アプローチ

3　　◎ 14

［例］　チョコレￜート、オリンピￜック、ヘリコￜプター

［練習］　次のことばを聴いて、どこから下がっているか、確認しましょう。

　(1)　サンドイￜッチ

　(2)　ハンバￜーガー

　(3)　アクセￜサリー

　(4)　コミュニケￜーション

4

[例] <u>th</u>ank you　サンキュー　　　<u>th</u>eory　セオリー

<u>l</u>ight　ライト　　　　　　<u>r</u>ight　ライト

<u>f</u>ootball　フットボール　　<u>v</u>ideo　ビデオ

5　聴解力アップのコツ　その5　音の変化 (2)

1

[例] か<u>あ</u>いそうだね。　　　　う<u>あ</u>ぎ、取って。

早くす<u>あ</u>ってください。　　ご<u>あ</u>ん、まだ？

2

[例] すっご<u>い</u> (su<u>gg</u>oi)／すげ<u>え</u> (su<u>gē</u>)

その<u>まんま</u> (sono<u>manm</u>a)

<u>ばっか</u>だなあ (<u>bakk</u>adanā)

3

[例] さいふ、落とし<u>ちまった</u>。

6　聴解力アップのコツ　その6　アクセントの移動

[例] とうきょう　＋　だいがく　→　　とうきょうだいがく

[練習]　アクセントに注意して聴きましょう。

(1) とっきゅう　＋　れっしゃ　→　とっきゅうれっしゃ（特急列車）

(2) せかい　＋　りょこう　　　→　せかいりょこう（世界旅行）

(3) けいざい　＋　せいさく　　→　けいざいせいさく（経済政策）

(4) じょうほう　＋　がっかい　→　じょうほうがっかい（情報学会）

—6—

聞こえた通りにメモしてから、漢字のことばは意味を考えて適切な漢字に直してみましょう。

1

[例]　識別（シキベツ）　汽車（キシャ）　機械（キカイ）

[練習]

(1)　今話題のあの人が（記者会見）を明日、行うそうだ。キシャカイケン

(2)　試験は、（筆記試験）と面接です。ヒッキシケン

(3)　今度の仕事では、本から得た（知識）が役立った。チシキ

(4)　この薬品の（致死量）はどれぐらいですか。チシリョウ

(5)　手入れがよく（行き届いた）庭ですね。ユキトドイタ

2　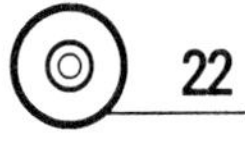 **21**

[例]　負担（フタン）

[練習]

(1)　会場から、割れんばかりの（拍手）をもらいました。ハクシュ

(2)　林（夫妻）が今到着しました。フサイ

(3)　その草は、（薬草）として昔から愛用されています。ヤクソウ

(4)　昨日の火事で、職員の（宿泊施設）は焼けてしまいました。シュクハクシセツ

3　**22**

[例]　注ぐ（ソソグ）　案山子（カカシ）

[練習]

(1)　その交流会では、お年寄りと、小さい子供たちとの（ほほえましい）光景が見られました。　ホホエマシイ

(2)　少年たちの非行の裏には子供たちの（心）の問題があります。ココロ

(3) 毎日３度の食事は（欠かせません）。 カカセマセン

(4) レポートを20枚（書かなければ）なりません。 カカナケレバ

4 

［例］ 手術 （シュ ジュツ→シ ジツ）

［練習1］

(1) 先日の原子炉の事故で多量の放射能が（検出）されたそうだ。 ケンシュツ

(2) あの俳優は韓国の映画にも（出演）している。 シュツエン

(3) 明日から九州へ（出張）します。 シュッチョウ

(4) 以前、国会で（首都）移転の話がありました。 シュト

(5) （祝賀会）の出席名簿を作成して下さい。 シュクガカイ

［練習2］

(1) a この間（手術）されたそうですね。もうだいじょうぶですか。 シュ ジュツ

　　 b あの政党は国民に（支持）されなくなってきた。 シジ

(2) a 今月は（支出）が多く、赤字になってしまった。 シシュツ

　　 b 息子は、音楽家になりたいと言っているがその（資質）があるだろうか。

　　　　　　　　　　　　　　　　　　　　　　　　　　　　　　　　シシツ

(3) a 近所で大きな火事があり、消防車が何台も（出動）した。 シュツドウ

　　 b わたしの論文（指導）をしてくださった先生は田中先生です。 シドウ

聞こえた通りにメモしてから、漢字のことばは意味を考えて適切な漢字に直してみましょう。

1

(1)

［例］　天気（テンキ）／電気（デンキ）

［練習］

① 引越しの（当日）は、山田さんが手伝ってくれるそうです。

② この二人は（同日）同時刻に生まれたのだそうです。

③ （大学）では、経済を勉強する予定です。

④ この高校では、たばこを吸うと（退学）になります。

(2)　　◎ 26

［例］　格好（カッコウ）／学校（ガッコウ）

［練習］

① あの人は、ゲームの（業界）では有名だそうです。

② この研究会は自転車（協会）の援助を受けています。

③ この建物は世界（最古）の木造建築物です。

④ （最後）に部屋を出る人は、窓を閉めて電気を消して行ってください。

(3)　　◎ 27

［例］　大事（ダイジ）／内示（ナイジ）

［練習］

① これからは、学歴より（能力）のある人間が評価される。

② これは、どんな（動力）で動いているのですか。

③ 入場券は（団体）で買えば安くなります。

④　イカやタコは、（軟体）動物です。

(4)　

[例]　一段（イチ<u>ダ</u>ン）／一覧（イチ<u>ラ</u>ン）

[練習]

①　マラソンは最後にすごい（デッドヒート）があった。

②　サッカーの試合では、（レッドカード）が出ると、選手は、退場しなければなりません。

③　このキノコには（毒）がありませんか。

④　今日は、一日（ろく）なことがなかった。

(5)

[例]　情勢（ジョ<u>ウ</u>セイ）／造成（ゾ<u>ウ</u>セイ）

[練習]

①　あの人は昔（自衛官）をしていたそうです。

②　（税関）で厳しく検査されて、かばんを開けて調べられた。

③　この地方は、最近人口が（増加）している。

④　これは、空気を（浄化）する装置です。

(6)

[例]　抵抗（テ<u>イ</u>コウ）／天候（テ<u>ン</u>コウ）

[練習]

①　（制限）スピードは、時速60キロです。

②　この国では、1964年に独立（宣言）がなされました。

③　悪（天候）のため、飛行機は運行中止です。

④　野党の（抵抗）が強く、この法案は成立しませんでした。

2

［例］　長い（ナガイ）　鏡（カガミ）

［練習］

①　（音楽学校）を出てピアノの先生になりました。

②　この部屋は（鍵）をつけかえたほうがいいですよ。

③　大した（けが）じゃなくてよかったですね。

④　この問題は国会で大きな（論議）を呼んだ。

3

［例］　匹敵（ヒッテキ）　豊富（ホウフ）

［練習］

①　この（方法）でやれば、だいじょうぶです。

②　この計画を実現するためには、各国の協力が（必要）となるでしょう。

③　わたしの絵がコンクールで高い（評価）を受けました。

④　写真のこの部分を（引き伸ばして）ください。

⑤　今日は真夏日となりました。日中の（暑さ）で倒れた人が何人か出たそうです。

4

［例］　本を（ホンヲ）　単位（タンイ）

［練習］

①　この商品を売るための新しい（プランを）考えています。

②　旅行に参加するかどうかは（任意）です。

③　政治には国民の意見が（反映）されなければなりません。

④　あの人は、この大会の（運営委員）です。

2

<ruby>場面<rt>ば めん</rt></ruby>・<ruby>状 況<rt>じょうきょう</rt></ruby>をつかむ

1 どこの<ruby>案内<rt>あんない</rt></ruby> ほか　 35

1　<ruby>次<rt>つぎ</rt></ruby>の<ruby>案内<rt>あんない</rt></ruby>は、どこで<ruby>聞<rt>き</rt></ruby>かれるものでしょうか。<ruby>正<rt>ただ</rt></ruby>しいものを<ruby>選<rt>えら</rt></ruby>んでください。

---

(1)　ただいま、<ruby>川崎駅<rt>かわさきえき</rt></ruby>での<ruby>人身事故<rt>じんしん じ こ</rt></ruby>のため、<ruby>東海道線<rt>とうかいどうせん</rt></ruby>と<ruby>京浜東北線<rt>けいひんとうほくせん</rt></ruby>は<ruby>運転<rt>うんてん</rt></ruby>を<ruby>見合<rt>み あわ</rt></ruby>せております。お<ruby>急<rt>いそ</rt></ruby>ぎのところ<ruby>大変申<rt>たいへんもう</rt></ruby>し<ruby>訳<rt>わけ</rt></ruby>ありませんが、<ruby>振<rt>ふ</rt></ruby>り<ruby>替<rt>か</rt></ruby>え<ruby>輸送<rt>ゆ そう</rt></ruby>をしておりますので、ご<ruby>利用<rt>り よう</rt></ruby>ください。

【<ruby>解答<rt>かいとう</rt></ruby>】①　 36

---

(2)　お<ruby>客様<rt>きゃくさま</rt></ruby>にご<ruby>案内申<rt>あんないもう</rt></ruby>し<ruby>上<rt>あ</rt></ruby>げます。ただいま、8<ruby>階<rt>かい</rt></ruby>の<ruby>特設会場<rt>とくせつかいじょう</rt></ruby>にて、<ruby>婦人服<rt>ふ じんふく</rt></ruby>のバーゲンセールを<ruby>行<rt>おこな</rt></ruby>っております。<ruby>有名<rt>ゆうめい</rt></ruby>メーカーのものがたいへんお<ruby>安<rt>やす</rt></ruby>くなっておりますので、ご<ruby>利用<rt>り よう</rt></ruby>ください。

【<ruby>解答<rt>かいとう</rt></ruby>】⑤　 37

---

(3)　まもなく<ruby>開演<rt>かいえん</rt></ruby>でございます。どなた<ruby>様<rt>さま</rt></ruby>もお<ruby>席<rt>せき</rt></ruby>に<ruby>着<rt>つ</rt></ruby>いてお<ruby>待<rt>ま</rt></ruby>ちください。<ruby>開演<rt>かいえん</rt></ruby>に<ruby>先立<rt>さき だ</rt></ruby>ちまして、お<ruby>客様<rt>きゃくさま</rt></ruby>にお<ruby>願<rt>ねが</rt></ruby>い<ruby>申<rt>もう</rt></ruby>し<ruby>上<rt>あ</rt></ruby>げます。<ruby>携帯電話<rt>けいたいでん わ</rt></ruby>やポケットベルをお<ruby>持<rt>も</rt></ruby>ちのお<ruby>客様<rt>きゃく さま</rt></ruby>は、あらかじめお<ruby>切<rt>き</rt></ruby>りくださいますよう、お<ruby>願<rt>ねが</rt></ruby>いいたします。なお、<ruby>上演中<rt>じょうえんちゅう</rt></ruby>の<ruby>録画<rt>ろく が</rt></ruby>、<ruby>録音<rt>ろくおん</rt></ruby>は、<ruby>著作権法上<rt>ちょさくけんほうじょう</rt></ruby>、かたく<ruby>禁<rt>きん</rt></ruby>じられております。

【<ruby>解答<rt>かいとう</rt></ruby>】④

(4) みなさま、ただいま左手（ひだりて）に見（み）えますのが、国会議事堂（こっかいぎじどう）でございます。まもなく、左手（ひだりて）に最高裁判所（さいこうさいばんしょ）が見（み）えてまいります。右手（みぎて）に見（み）えますのは皇居（こうきょ）でございます。

【解答（かいとう）】③

(5) みなさま、おはようございます。本日（ほんじつ）の天候（てんこう）は快晴（かいせい）です。まもなく、右手前方下（みぎてぜんぽうした）に富士山（ふじさん）が見（み）えてまいります。ごゆっくり景色（けしき）をお楽（たの）しみください。

【解答（かいとう）】②

2　次（つぎ）のアナウンスは、スポーツの実況中継（じっきょうちゅうけい）です。何（なん）のスポーツか正（ただ）しいものを選（えら）んでください。

40

(1) 走（はし）ります。また、中本（なかもと）がナイスパス。いいパスが出（で）ました。外（そと）からリバウンド。鈴木（すず・き）押（お）さえた。シュート決（き）まって、ワンスロー。フリースロー決（き）めました、田原（たはら）。42対（たい）36。湘北高校（しょうほくこうこう）6点（てん）リード。

【解答（かいとう）】②

(2) ガツンと当（あ）たりました。春（はる）の川（かわ）が出（で）ていく。突（つ）っ張（ば）る。突（つ）っ張（ば）る。あ、腕（うで）を取（と）った、東国（ひがしくに）。押（お）し出（だ）しました。一敗（いっぱい）を守（まも）った東国（ひがしくに）。

【解答（かいとう）】③

(3) バッター高原（たかはら）。あ、打（う）ちました。球（たま）はグングンのびていく。これは、大（おお）きい。入（はい）りました。

【解答（かいとう）】④

(4) 大野、ヘッドでパスを送る。山中折り返した。ドリブルで上がる。すばらしいボールコントロールをしています。シュート。蹴りこんだ。キーパー、取った。よく取りました。

【解答】①

3 次のアナウンスは、コマーシャルです。何の宣伝でしょうか。正しいものを選んでください。

(1) フレッシュホワイトがますますパワーアップして新登場。食器の油汚れからシンクまで、すっきり洗える洗浄力なんです。魔法みたいにピッカ、ピカ。

【解答】②

(2) シートが広くなってゆったり。エコノミーでもこの広さ。あなたの空の旅を快適に。

【解答】③

(3) 女：アミノ酸の力ですばやく疲労を回復。
　　男：試してみます。うーん、アップル味で、のどごしがさわやかですねー。あとに残りませんね。うん。おいしい。すっきりさわやか。
　　女：運動する前に飲むと効果的です。疲れがたまらず、スタミナアップ。

【解答】②

1　次の会話を聴いて質問に答えてください。

---

(1)　二人は何について話しているでしょうか。

男：それ、見やすくていいね。

女：うん。これ、ことばも引きやすいし、漢字の書き順ものってるし便利よ。

男：ああ。例文もたくさんのってるんだね。

【解答】国語辞典　　48

---

(2)　男の子は、今どこにいるでしょうか。

男の子：ねえ、お湯ぬるいんだけど。

母　　：あ、そう？　じゃ、「あつく」っていうボタン押してみて。熱くなるはず

　　　　だから。

男の子：うん。分かった。

母　　：体、ちゃんと洗うのよ。

【解答】お風呂場　　49

---

(3)　二人は、何について話しているでしょうか。

女：最後のシーン、よかったわね。

男：うん。音楽もよかったしね。

女：フランツ監督ってアクションものばかりとるのかと思っていたら、恋愛ものも、

　　けっこういいのね。

【解答】映画

 50

---

(4) 二人はどこで話しているでしょうか。

係りの人：あのー、すみませんが、荷物を拝見できますか。

客　　　：えっ。どうして。

係りの人：貸し出しの手続きが済んでいない本を持ち出すと、このようにブザーが
　　　　　鳴るんですよ。

【解答】図書館

2　二人はこれからどこへ行くのでしょう。正しいものを選んでください。

 51

---

(1)　男A：ごめん、少し遅くなりそうなんだ。先に並んどいてくれないか。
　　　男B：うん、何両目がいいかな。
　　　男A：そうだなー。確か自由席は前のほうにあるから、1番前にしよう。

【解答】②

 52

---

(2)　男A：ごめん、少し遅くなりそうなんだ。先に並んどいてくれないか。
　　　男B：うん、いいけど。開演は1時だから、20分前には来てくれよ。
　　　男A：だいじょうぶ。それまでには着くよ。

【解答】①

3　二人は何の話をしているでしょう。正しいものを選んでください。

53

---

(1)　女：あのー。すみません。両面印刷にしたいんですけど、どうやるんでしょうか。
　　　男：両面印刷ですね。このボタンで変えられますよ。

—16—

女：濃さはどれですか。

男：ええと。これですね。ここで調節できますよ。

【解答】①

(2) 男A：これ、どうしてだめなのかなあ。

　　男B：そんなにたくさん詰め込んだら回らないよ。

　　男A：だって急いでるんだもん。

　　男B：それに、そんなに洗剤はいらないよ。

【解答】②

4　二人は、どんな話をしているでしょうか。正しいものを選んでください。

(1) 男：そう、だから行った当初は、なーんにも分からなかったね。
　　　　何しゃべってるか、全然分かんなかった。

　　女：で、どれ位で分かるようになったの？

　　男：そうだなあ、半年ぐらい。

　　女：半年。

　　男：いや、もっと。でも向こうにいた10ヶ月間、一言も日本語、しゃべらなかった
　　　　し……。

　　女：一言も。へーえ。

　　男：書いたり、読んだりも一切しなかった。

　　女：じゃ、家族への手紙とかはどうしてたの？

【解答】①

(2) 女：買うときは必ず、表示を見ますよ。

　　男：賞味期限の？

女：それもだけど、どんなものが入っているかとか……。

男：てん、てんじぶつ？

女：うん、添加物ね。

男：あ、添加物。あ、そう、添加物。

女：あと、防腐剤とか、保存剤とかが、たくさんあるのも嫌だしね。

【解答】②

5　次の会話を聴いてください。この夫婦は、何の話をしているでしょう。正しいものを選んでください。 57

夫：どうしようかー。

妻：どこが気に入った？

夫：えーと。まず、形。

妻：形かー。かっこよかったもんねー。荷物もいっぱい入りそうだったね。

夫：あのままで雪道でも大丈夫なんだって。

妻：でも、やっぱりちょっと高すぎるわねー。

【解答】③

3　だれとだれの話

1　次の会話は、だれとだれの会話ですか。正しいものを選んでください。 58

(1) 男A：今日の飲み会、行く？

　　男B：あ、おれ、今日ちょっとバイトでだめなんだ。

【解答】②

(2)　男A：あ、きみ、これ、ちょっとやっといて。
　　　男B：はい。分かりました。

【解答】①

(3)　母　　：早く、片づけちゃいなさい。
　　　男の子：分かってるよ。

【解答】③

2　この二人はどんな関係でしょうか。正しいものを選んでください。

女：そろそろ行かなくちゃ。
男：うん。元気でな。
女：メールするから。
男：待ってるぞ。
女：洋一もちょうだいね。
男：うん。出すよ。
女：絶対よ。

【解答】③

次の会話を聴いて質問に答えてください。

男：おはようございます。

女：あっ、おはようございます。ご出勤ですか。

男：ええ。ゆうべはひどかったですね。

女：本当ですね。一晩中ですからねえ。

男：うちでもすごい音でしたから、お宅は大変でしたでしょう。

女：ええ、ほとんど眠れませんでしたね。

男：まだ続くんでしょうかねえ。

女：あと2、3日はかかるらしいですよ。

男：いや、まいりますねえ。道路工事じゃ、昼間やるわけにはいかないんでしょう

　　けど。じゃあ。

女：あっ、行ってらっしゃい。

1　二人の関係はどんな関係でしょうか。正しいものを選んでください。
2　どこで話しているでしょうか。正しいものを選んでください。

【解答】 1　②　　　2　①

会話を聴いて、正しいものを選んでください。

男Ａ：おれだよ。おれ。もうすぐ着くから。

男Ｂ：はあ。お、おれと言われても……。どちらさまでしょうか。

男Ａ：何言ってんだよ。俺だよ。

男Ｂ：あのう、洋一の友達でしょうか。

男Ａ：あ、お父さんですか。すみません。間違えました。

【解答】②

男の人は何のために電話をかけたのでしょうか。正しいものを選んでください。

男：もしもし、高橋さんのお宅でしょうか。

女：はい。

男：奥様ですか。

女：はい、そうですが。

男：あっ、こんにちは。ＳＳ興業の森田です。

女：はあ。

男：この度ですね、北西大学の前に25階建てのマンションができたんですが、ご存じでしょうか。

女：いいえ。

男：大変環境のいい所にありまして、建物もモダンなきれいな造りになってるんですよ。それに場所的にもですね、都心まで1時間以内で行けますし、便利……。

女：あっ、マンションは、うちは用がありませんから。

男：今、お住まいのところは一戸建てですか。

女：ええ、そうです。

男：今ですね、ご自分で住まなくても、ほかにお貸しになって家賃収入を得ると
いう方がすごく多いんですね……。

【解答】②

7　どこへ行く　ほか

65

次の会話を聴いて質問に答えてください。

1

男A：よっ。

男B：ああ。場所、分かる？

男A：うん、地図持ってるよ。ファックスで送ってきたから。

男B：いや、びっくりしたよなあ。

男A：吉田もショックだろうなあ、まだ、若かったから。

男B：いくつ？

男A：ちょうど50だってさ。

男B：50か。あいつ、けっこう、ふだんから「うちの親父が、うちの親父が」って、
話してたよねえ。
わりと会話もあったみたいだし。で、急だったの？

男A：一ヶ月ぐらい前から入院してたらしいんだけど。

男B：そうか。あっ、そうだ。香典、だれに払えばいいの？

男A：鈴木が、みんなの分まとめて立てかえてくれるって言うから、あとで鈴木に
返しといて。

男B：オーケー。

(1)　二人は、これからどこへ行くのでしょうか。

(2)　だれが亡くなったのでしょうか。

【解答】(1)　葬式／告別式（通夜も可）

★「吉田もショックだろうなあ」「親父が」「香典」ということばがヒント

(2)　吉田さんのお父さん

 66

2

えー、以上が、お二人のプロフィールです。

実は、お二人とも、3年前にわたしの部に入って来た同期生であります。入って来てから、ずっと机を並べて、仕事をしていました。どちらかと言うと、てきぱきと速く仕事を片づけるのは真由美さんで、一郎君はじっくりと、あ、しかし堅実にというタイプでした。仕事の上では、仲よくやっている様子もなくて、と申しますより、よくけんかしてました。プライベートでも、仲がよさそうには全然見えませんでしたし。ですから、今日、このようなことになるとは、思ってもみませんでした。去年、一郎君が、移ってから、久しぶりに訪ねて来たと思ったら、こんなことになってたとは。

家庭でも、真由美さんがてきぱきと、一郎君がおっとり構えるというようになるんでしょう。家庭では奥さんが主導権を取ったほうがうまくいくようですから、お二人もきっと、よき家庭を築いていかれることと思います。

(1)　この人は、どこで話しているでしょうか。

(2)　この人と、一郎君、真由美さんの関係は、どんな関係でしょうか。

【解答】(1)　結婚式の披露宴

★「二人のプロフィール」「よき家庭を築く」などで、披露宴の席上であることが分かります。

(2)　上司と部下

★「わたしの部に入ってきた同期生」で、上司と部下の関係であることが分かります。

男の人と女の人に街頭でインタビューをしています。男の人と女の人は夫婦ですか恋人ですか。

◎ 67

1

インタビュアー：ちょっとよろしいですか。

男　　　　　　：はい。

インタビュアー：今、相手に不満があったら教えてください。

男　　　　　　：ええ、まー……。買い物がー……。

インタビュアー：高いもの買うんですか。どんなもん？

男　　　　　　：バックとかー。そんな収入もないのに……。

インタビュアー：ちなみに、今日のバックは……。あー。ブランドもんですね。

女　　　　　　：いやー、でも、まずは、一番は、ね、子供です。

インタビュアー：二番は？

女　　　　　　：自分。ふふふ。

インタビュアー：で、最後は？

女　　　　　　：あははは……。

【解答】①

　　★「子供」ということばで二人が夫婦ということが分かります。

◎ 68

2

インタビュアー：ちょっとよろしいですか。

女　　　　　　：ええ。

インタビュアー：今、相手に不満があったら教えてください。

女　　　　　　：うーん、こんなに怒りっぽいとは思わなかった。

インタビュアー：最初は？

女　　　　　　：うーん、温厚そうだったのに。

インタビュアー：あーはは、最初は、温厚そうだったの。何で怒られんの？

女　　　　　　：うーん、急に怒り出すんですよ。

男　　　　　　：そんなことはないんですけど、機嫌が悪いときー。

インタビュアー：あ、ははは、怒っちゃうんだ。

女　　　　　　：なんで怒られるか、分かんないの。何かやって悪いんだったら、
　　　　　　　　分かるんだけど。

インタビュアー：あー、原因がね。ないんだ。

女　　　　　　：そう、そう、そう、そう。

インタビュアー：そんな、怒りっぽい彼氏なのに何でまだつきあってんの？

女　　　　　　：うーん。それがなかったら。

インタビュアー：それがなかったら……。

女　　　　　　：うん。完璧かな。

【解答】②

　　★二人の話すスタイルとインタビュアーの「彼氏」「つきあう」ということば
　　で、二人が恋人同士という関係が分かります。

❸

<ruby>必<rt>ひつよう</rt></ruby>要な<ruby>情報<rt>じょうほう</rt></ruby>を<ruby>聴<rt>き</rt></ruby>き<ruby>取<rt>と</rt></ruby>る

例  70

次は、フライトインフォメーションです。サウスイースト17<ruby>便<rt>びん</rt></ruby>は、<ruby>何時<rt>なんじ</rt></ruby>に<ruby>到着<rt>とうちゃく</rt></ruby>する<ruby>予定<rt>よてい</rt></ruby>ですか。

まず<ruby>出発便<rt>しゅっぱつびん</rt></ruby>です。サウスイースト11<ruby>便上海行<rt>びんしゃんはいゆ</rt></ruby>きが１<ruby>時間<rt>じかん</rt></ruby>15<ruby>分遅<rt>ふんおく</rt></ruby>れて19<ruby>時<rt>じ</rt></ruby>35<ruby>分<rt>ふん</rt></ruby>、サウスイースト85<ruby>便北京行<rt>びんぺきんゆ</rt></ruby>きは１<ruby>時間<rt>じかん</rt></ruby>35<ruby>分遅<rt>ふんおく</rt></ruby>れて20<ruby>時<rt>じ</rt></ruby>10<ruby>分<rt>ぶん</rt></ruby>の<ruby>出発<rt>しゅっぱつ</rt></ruby>です。<ruby>到着便<rt>とうちゃくびん</rt></ruby>でアジア<ruby>航空<rt>こうくう</rt></ruby>800<ruby>便<rt>びん</rt></ruby>テヘラン<ruby>発<rt>はつ</rt></ruby>が１<ruby>時間<rt>じかん</rt></ruby>50<ruby>分遅<rt>ぶんおく</rt></ruby>れて15<ruby>時<rt>じ</rt></ruby>５<ruby>分<rt>ふん</rt></ruby>、ユーラシア７<ruby>便<rt>びん</rt></ruby>とサウスイースト6007<ruby>便<rt>びん</rt></ruby>ヒューストン<ruby>発<rt>はつ</rt></ruby>は１<ruby>時間<rt>じかん</rt></ruby>15<ruby>分遅<rt>ふんおく</rt></ruby>れて15<ruby>時<rt>じ</rt></ruby>35<ruby>分<rt>ふん</rt></ruby>、そしてサウスイースト17<ruby>便<rt>びん</rt></ruby>とユーラシア5017<ruby>便<rt>びん</rt></ruby>ニューヨーク<ruby>発<rt>はつ</rt></ruby>はおよそ１<ruby>時間<rt>じかん</rt></ruby>半<ruby>遅<rt>おく</rt></ruby>れて18<ruby>時<rt>じ</rt></ruby>59<ruby>分<rt>ふん</rt></ruby>の<ruby>到着<rt>とうちゃく</rt></ruby>です。

<ruby>正<rt>ただ</rt></ruby>しい<ruby>答<rt>こた</rt></ruby>えは18<ruby>時<rt>じ</rt></ruby>59<ruby>分<rt>ふん</rt></ruby>です。

  71

次のダイヤルインフォメーションを聴いて（　　）に答えを書いてください。

1

　これは、携帯電話の案内です。

> ♪♪
> ＡＰお客様センターでございます。
> 電話の契約内容変更、解約手続きについては1を、
> 紛失などによる緊急中断、中断解除は5を、
> 故障などのお問い合わせは6を、
> もう一度聴きたい場合は0をお押しください。

【解答】紛失などによって中断するときは（　5　）番を押す。
　　　　故障などの問い合わせは（　6　）番を押す。

2　　72

　ある大学生が、大学に電話をしました。この大学生は、学費について尋ねたいと思っています。まず、何番を押して次に何番を押せばいいでしょうか。

> こちらは、東都大学でございます。直通電話になっておりますので、案内に従って、
> 操作してください。
> 大学、大学院、教員または学科等については1を、
> 付属機関については2を、
> それ以外は3を押してください。
> ーーーーーーーーーーーーーーーーーーーーーーー
> 学生の生活や証明書、教務、就職については1を、
> 大学入試については2を、
> 学費、経理については3を、

通信教育課程については4を、

カウンセリングセンターは5を、

図書館、同窓会については6を、

生涯学習、総合センターについては7を、

寄付に関することは8を、

それ以外は9を押してください。

【解答】まず、（　1　）番を、次に（　3　）番を押す。

　　　★大学の学費のことですから、まず「大学について」というところの1を押します。次に学費については3を押すことになります。

2 円と株

現在1ドルは何円ぐらいになっていますか。また株価は上がっていますか、下がっていますか。

◎ 73

　為替と株の値動きです。東京外国為替市場、円相場は昨日つけた今年の最安値を更新しました。午後5時時点では1ドル128円26銭から28銭。ロンドン市場は現在1ドル128円5銭から11銭で取引されています。
　東京株価指数が一時、今年の最安値をつけましたが、結局トピックス、平均株価ともに昨日の終値を上回りました。

【解答】現在1ドルは（　128　）円ぐらいである。

　　　株価は、昨日より（ⓐ 上がった　b 下がった）。

「おじさん」「おばさん」は、何歳から何歳までの人を言うのか聴き取ってください。

> よく、「おじさん」とか「おばさん」などと言いますが、一体何歳ぐらいの人が「おじさん」「おばさん」なのでしょうか。
>
> ある研究所がアンケートをして、調査の結果をまとめました。それによると、28歳までが青年で、中年は37歳から51歳、52歳以上は熟年だそうです。「おにいさん」「おねえさん」は20歳から32歳、「おじさん」「おばさん」は、39歳から57歳となったそうです。
>
> どうですか。みなさんの「おじさん」「おばさん」のイメージと一致しましたか。

【解答】「おじさん」「おばさん」は、（　39　）歳から（　57　）歳までである。

4 内閣支持率  75

次は、現在の内閣の支持率についての世論調査のニュースです。まず問題に目を通してください。そして話を聴きながら、問題の答えを書いてください。

> 東西放送が今月10日、全国の20歳以上の男女1,800人を対象に、電話による世論調査を行い、全体の62パーセントにあたる1,116人から回答を得ました。
>
> それによりますと、内閣を支持すると答えた人は、先月の調査と比べて5ポイント下がって43パーセントでした。逆に内閣を支持しないと答えた人は、2ポイント増えて41パーセントでした。支持すると答えた人に理由を尋ねたところ、「ほかの内閣よりよさそうだから」が45パーセント、「人柄が信頼できる」が19パーセントなどとなっています。
>
> 支持しないと答えた人に理由を尋ねたところ、「実行力がないから」が35パーセント、「政策に期待が持てないから」が32パーセント、などとなっています。

5　湯の国 NIPPON  76

次は温泉の宣伝です。質問に答えてください。

　「湯の国　NIPPON」には、14種類の洋風、和風風呂があります。入館料は、大人一人1,200円、子供は700円です。石けん、シャンプーはもちろん、タオルセットや館内で着る室内着も無料でお貸しいたします。

　営業時間は、午前10時から午前0時まで。休館日は第2、第4水曜日。ただし、休館日が祝祭日の場合は翌日に変更となります。

　駅より徒歩5分とアクセスもよく、また駐車場も350台完備しておりますので、お車でお越しいただいても安心です。

　今年から、入館料に色々なセットがつくお得なメニューもご用意いたしました。その一部をご紹介いたしますと、入館料＋エステが3,500円、入館料＋夕食鍋コースが2,600円、入館料＋マッサージが3,000円などとなっております。

　皆様のお越しを心よりお待ちしております。

【解答】 1．大人1,200円、子供700円です。

2．無料で貸してくれるので、持って行かなくても大丈夫です。

3．午前10時から午前0時までです。

4．第2、第4水曜日です。

5．はい、あります。

6　目の疲れの原因

目の疲れの原因にはどんなことがあるか、聴き取ってください。

　最近、目の疲れを訴える方が大変多くなっています。労働者を対象にしたアンケート調査でも、目は、疲れを感じる体の部分の第1位になっていますね。

　疲れ目が増える原因ですけれども、第1位は、えー、何と言ってもパソコンやテレビなど視覚からの情報が増えていることです。で、そういうものは、つい一生懸命見てしまいますよね。

　また、わたしたちを取り巻く環境は、目を疲れさせる原因があふれています。たとえば車の排気ガスなどによる大気汚染、エアコンなどによる空気の乾燥、紫外線の増加などがあげられます。

　それから、精神的なストレスも目に大きく影響します。えー、どういうことかと言いますと、涙は目の表面を外からの刺激から守ったり、栄養を運んだりする役目があるわけですが、精神的に緊張すると、涙の量も少なくなってしまうんです。

　疲れ目の背景にあるものは、まさに現代の環境そのものなんですね。

【解答】　1．パソコンやテレビなど、視覚情報の増加。
　　　　　2．車の排気ガスなどによる大気汚染。
　　　　　3．エアコンなどによる空気の乾燥。
　　　　　4．紫外線の増加。
　　　　　5．精神的なストレス。

次の話を聴いて、質問に答えてください。

火災予防運動のお知らせです。市民の皆さんの防火、防災意識を高め、火災が起こるのを防ぐために、市では来週から火災予防に関するいくつかの催しを行います。

一つ目は、消火器の無料点検です。いざ火事になったとき、皆様のご家庭に置いてある消火器が古くなっていないか、すぐに使えるかを無料でお調べします。

二つ目は、消防団による火災予防運動です。来週の月曜日から金曜日まで、市内すべてを消防車で回り、火事に気をつけるよう、呼びかけます。

三つ目は、展示会の開催です。会場は市役所一階のロビーで、時間は午前10時から午後4時までです。けが人や病人が出たときの応急手当のやり方も実際に行われます。

また、相談室も開かれますので、お気軽にお越しください。

【解答】　1．火災予防運動のお知らせです。
　　　　　2．(1)　消火器の無料点検。
　　　　　　　(2)　消防団による火災予防運動。
　　　　　　　(3)　展示会の開催。
　　　　　　　(4)　相談室が開かれる。

8　ある俳優のインタビュー

ある俳優のインタビューの一部です。どうして俳優になったか、聴き取ってください。

インタビュアー：俳優にはいつごろなろうと思われたんですか。

俳優　　　　　　：いや、なろうと思ったこと、ないんですよ、実は。

インタビュアー：えっ、そうなんですか。

俳優　　　　　　　：今ではこうやって人前でもしゃべることできますけど、前は全然だめだっ

たですね。だから芸能界なんて、考えたこともなかったです。第一、

父親がすごくかたくてとんでもないって感じでしたし。

インタビュアー：じゃ、俳優になられたきっかけは……。

俳優　　　　　　　：大学4年の時、まあ、普通に、みんなと同じように就職先探してたん

ですよ。まあ、卒業してどっか会社に入るのかなあって。そしたら、

そのとき、たまたま映画の新人を募集してて、友達が勝手に応募しちゃっ

たんですよ。勝手に写真送ったりして。

インタビュアー：えー、それで試験か何かにいらしたんですか。

俳優　　　　　　　：ええ、それで書類審査に通っちゃったもんで、友達がおもしろいから行っ

てみろって言うんで。じゃあ、行くだけ行ってみるかって。

インタビュアー：それで選ばれたんですか。でも実際、映画に出ることが決まってどうだっ

たんですか。

俳優　　　　　　　：それでもまだ俳優になるんだっていう気持ちはなかったですね。卒業

記念にいいかな、ぐらいで。

インタビュアー：うーん、お父様はどうでしたか。

俳優　　　　　　　：いや、黙ってました。実際、映画に出てから言いました。びっくりして

ましたけど、でも、映画、見たみたいですよ。

どうして俳優になりましたか。理由を一つ選んでください。

　　①　父親に勧められたからです。

　　②　友達が応募してしまったからです。

　　③　仕事が見つからなかったからです。

　　④　前からなりたいと思っていたからです。

【解答】②

4

大意をつかむ　1

1　あいこでしょ　　　　　　　　　　　　　　　　　　　　◎ 81

【聴く前に】　　1　順番を決めたり、ペアの二人組を決めるときなどに使われます。

　　　　　　　2　じゃんけんぽん、じゃんけんしょい、じゃんけんでほい、チッケッタ、

　　　　　　　　　あんしょうけんなど

　皆さん、グー、チョキ、パーって知っていますか。そうです。じゃんけんのときに使いますね。順番を決めたり、ペアの二人組を決めるときなど、子供だけでなく大人もよく使います。その意味は、グーが石で、チョキがはさみ、そしてパーが紙です。つまり、はさみで石は切れませんが、紙は切れますね。ですから、チョキは石のグーに負けて、紙のパーには勝つというように規則が決まっているんです。また、相手と同じものを出した場合は、もう一度します。もちろん、じゃんけんは二人だけじゃなくて、もっと大勢でもできます。

　この、「じゃんけんぽん」というかけ声ですが、地域によっていろいろな言い方があります。じゃんけんをするときにどんなかけ声を使うかを全国の小学校で調査したことがありますが、その結果を見ると、実にいろいろな種類のかけ声が見られます。例えば、「じゃんけんしょい」「じゃんけんでほい」とか、また、全く違う「チッケッタ」「あんしょうけん」といったかけ声を使う地方もあるそうです。ただ、一度で決まらないとき、もう一度しますが、そのとき使うかけ声はほとんどのところで、「あいこでしょ」と言うそうです。おもしろいですね。

【解答】　(1)（×）　　(2)（○）　　(3)（○）　　(4)（×）　　(5)（×）

【聴く前に】　2　・運動不足　　　　・睡眠不足　　　　・水不足

　　　　　　　3　・やるべきこと　　・考えるべきこと　　・話すべきこと

　最近大学生の学力不足についていろいろ言われています。高校で学ぶべきことが身についていないため、大学の授業について行けない大学生が多いということです。そのため、高校の勉強の復習をする大学が多くなりました。入学前に英語や小論文の宿題を出す大学、入学後半年は物理や数学の補習をする大学の理工学部などです。「日本語表現」という授業で敬語の使い方やスピーチ、レポートの書き方などを指導する大学も出てきました。

　また、予備校も補習授業に力を入れ始めました。予備校の講師が大学の補習授業を担当したり、問題を作ったり、大学生向けの講義を始めたりしています。

　「分からないのは学生が悪い」と言っている時代は終わりました。大学側もそれに気づいて何とかしているわけですが、それと同時に、予備校のビジネスも広がっていくかもしれません。

【解答】　1　入学前に英語や小論文の宿題を出したり、授業で敬語の使い方やスピーチ、レポートの書き方を指導したりする大学が多くなりました。

　　　　　2　予備校も補習授業に力を入れるようになりました。

　　　　　3　高校で学ぶべきことが身についていないため、大学の授業について行けない大学生がいるからです。（「大学生の学力が不足しているからです」も可）

83

3　女性と仕事

日本の女性と仕事についての話です。結婚しても子供ができるまでは仕事を続け、子供ができたら、一時中断。子供に手がかかる3歳までは、家事と育児に専念し、子供の手が離れるようになったら、また仕事につく。こういう就業パターンが若い女性、そして男性にも支持されています。企業の中には、育児休業を1年認めたり、一度退職した女性を再雇用する制度を設けたところもありますが、子供を育てながら仕事をしている女性の多くがパートタイマーです。子供は自分の手で育てたい、あるいは近くに保育園がないとの理由で、育児期間は仕事をやめ、その後パートで再就職というケースが一般的です。

【解答】　1　以前就職していて育児などの理由でやめた女性が再び就職することです。
　　　　2　若い女性そして男性です。
　　　　3　育児休業を1年間認めたり、一度退職した女性を再雇用する制度を設けたりしています。
　　　　4　・子供は自分の手で育てたいからです。
　　　　　　・近くに保育園がないからです。

4　シルバー

84

女：ねえ、よくシルバーなんとかって言うでしょう。
男：ああ、シルバー産業とか、シルバーエイジとかいう、お年寄りの意味の？
女：そうそう。あのシルバーって、どうしてシルバーって言うようになったか、知ってる？
男：そう言えば、あれ、英語じゃないよね。
女：そう。もちろんジャパニーズイングリッシュだけど。
男：シルバーシートから始まったんじゃないの？電車の優先席の。
女：そうなんだけど、じゃ、どうしてシルバーシートって言ってたか、分かる？
男：うーん、そう言われるとどうしてかなあ。

髪がだんだん白くなってきて、シルバー、銀色っていうイメージだから？

女：違う。

男：分かんない。そんなこと考えたこともなかった。

女：JRがお年寄りのための優先席を初めて作るとき、普通の席と区別がつくように別の色のシートにしようと考えたんだけど、急いでたので、余ってた新幹線のシートの布を使ったんだって。その布の色がシルバーグレーだったから、シルバーシートって呼んだんだって。

男：へー、そうか。おもしろいね。じゃ、もし、オレンジの布を使っていたらオレンジシート、グリーンだったらグリーンシートだったかもしれないね。

女：そうよね。でも、もしそうだったら、オレンジ産業とか、グリーンエイジなんていうことばは使わないでしょうね。だって、シルバーっていうのは、お年寄りのことばとしてぴったりだもん。

【解答】　1　お年寄りの意味に使われています。

　　　　　2　電車の優先席です。

　　　　　3　優先席を作るときシートに使った布の色がシルバーグレーだったからです。

5　使用済みのカード　　　　　　　　　　　　　　　　◎ 85

【聴く前に】　1　テレフォンカード、コピーカード、クレジットカード、バスカード、電車のカード、キャッシュカードなど。

女子学生：ねえ、よく「使い終わったカードを入れてください」って書いてある箱があるけど、カードもリサイクルするの？

男子学生：あのテレフォンカードや、コピーカードや電車のカードとかのこと？

女子学生：そう。

男子学生：あれは、リサイクルできないよ。でもボランティア活動にはなるんだよ。

女子学生：ボランティアに？

男子学生：そう。日本にも外国にもにカードのコレクターがいて、使用済みのテレフォンカードが1枚10円から70円で売れるんだって。だから、ボランティアの団体が……まあ、換金する仕事をしている特別の団体があるんだけど……、そこで換金して、そのお金を発展途上国へ送って援助資金や、子供の奨学金にするんだって。

女子学生：ふーん。いいね。カードだけ？

男子学生：いや、ほかにも、古い切手や、書きそこなったはがきもそういう援助資金になるんだよ。

女子学生：へー、そう。

【解答】　1　使い終わったカードを入れるためです。

　　　　　2　②

　　　　　3　②

6　少子化

女：日本でも少子化が進んでおりますが、今後どうなっていくでしょうね。

男：そうですね。まあ、いろいろな影響をもたらすと考えられますね。

　　まず労働人口が減少します。で、若い労働力が減ると、その分、高齢者の労働力が今より必要になってくるでしょう。現在60歳ぐらいの定年がさらにのびる可能性がありますね。また、全体で労働人口が減れば、社会保障制度を今のまま保つことができなくなるでしょう。つまり、年金や健康保険料を支払う側の人口が減っていき、使う側の人が増えていくわけですね。

　　それから、学校も変わるかもしれません。多くの子供達がいっしょに勉強していた時代と、少数の子供たちだけが勉強する時代とでは、教育のあり方も当然変わってくるでしょうね。

【解答】　1　(1)b　　　(2)a　　　(3)b　　　(4)a　　　(5)b

　　　　　2　①

7 畳の話

【聴く前に】

★参考：http://www.tatami.info/

日本人の生活は、西洋化されて、畳の部屋が減ったとよく言われます。このまま、日本人の生活から畳が消えてしまうのでしょうか。

ええ、ある都市のアンケート調査で、「あなたが家を建てるとしたら、畳のある部屋を絶対作りますか」と聞いたところ、意外にも64.5パーセントの人が作ると答えたそうです。年代的にも20代と50代の割合にほとんど差がありませんでした。

また、今住んでいる家に畳の部屋があると答えた人は、86.7パーセントでした。

なぜ畳が好きなのかという理由には、「すぐ寝っころがれるから」「夏、涼しく冬は暖かいから」「気持ちが落ち着くから」などがありました。畳の色は、気持ちが落ち着く色なのだそうです。

1　話の内容と合っているものには○、違っているものには×をつけてください。

(1)　畳のあるうちは、最近では少ないです。

(2)　畳の部屋がほしい人は、86.7パーセントです。

(3)　畳の色は、落ち着く色です。

【解答】　1　(1)（　×　）　(2)（　×　）　(3)（　○　）

　　　　　2　・すぐ寝っころがれるから

　　　　　　・夏涼しく、冬暖かいから。

　　　　　　・気持ちが落ち着くから。

【聴く前に】　1　ＤＮＡを表す図
　　　　　　　2　犯罪者、親子関係、牛肉、米の産地などの鑑定をしています。

　ＤＮＡ鑑定は、いろいろな方面で行われていますが、米の品種を判定するのにも利用することができそうです。

　米は、品種や産地によって価格が大きく異なります。そのため品種などを偽るにせ米がいつも問題になっています。そこで、ＤＮＡに記録されている遺伝子の配列の違いで、品種を判別しようというのです。

　米をすりつぶしてＤＮＡを取り出し、薬を使って遺伝子の配列の違いを見分けます。5種類の薬を使えば、国内で作られる代表的な10種類の米を確実に判別できるそうです。これは全国の生産量の70パーセントに当たる量だそうです。

【解答】　(1)（　×　）　(2)（　○　）　(3)（　○　）　(4)（　×　）

【聴く前に】　1　パチンコ、競馬、競輪、オートレース、カジノなど

　皆さん、宝くじを買ったことがありますか。「宝くじはギャンブルだから……」といった考え方は、いまだに根強く残っているかもしれません。また、そう思わない人の中にも「宝くじは運だから……」と思っている人も多いと思います。

　ところが、コンピュータで過去のデータを分析して、当選ナンバーを予測する機械、つまり宝くじ攻略機が発売されてですね、好調な売れ行きを示しているそうなんです。この宝くじ攻略機という機械は、これまでの当選結果のデータを基にして、えー、数字出現の波、つまり出方の特徴ですね、え、それに抽選機の癖までもですね、最新コンピュータを使って細かく分析できるんです。使い方は、やさしくて、データを入力するだけで一瞬にして当選予想の数字が表示されます。しかも、音声ガイドもついているので、えー、コンピュータが苦手だという年輩の方も簡単に操作できるそうです。

それで気になるお値段の方ですが、1台、3万7,800円。

みなさんは買いますか。

【解答】　1　②　　　　2　④

5

イントネーションなどから
発話意図をつかむ

（この章のスクリプトは本冊、問題の次のページにあります）

I　アクセントや音の切れ目に注意して聴く

1　［例］　②

　　(1)　②　　　　(2)　a　①　　　b　②　　　　(3)　a　①　　　b　②

2　(1)　②　　　(2)　②

　　★「走っています」の「は」は聴き取れましたか。

3　(1)　②　　　(2)　②

　　★「ここに」の「に」は聴き取れましたか。

　　(3)　a　①　　　　　b　②

4　［例］　b

　★bのほうは、「どこが」が高く、文の終わりに行くにしたがってイントネーション
　　が下がっています。aのほうは、「どこか」のあとに軽いポーズがあり、「痛い」が
　　高く発音されていることが分かりましたか。

　　(1)　a　　　(2)　b　　　(3)　a　　　(4)　b　　　(5)　b

　★(1)～(5)は、「か」と「が」の違いだけではなく、文全体のイントネーションも違い
　　ます。イントネーションに注意していれば、「か」と「が」の違いが聴き取れない
　　ときでも、区別できるでしょう。

5　(1)　a　②　　b　①　　　(2)　a　②　　b　①　　　(3)　a　①　　b　②

6　a　②　　b　④　　c　①　　d　③
　★「買える」と「換える」は、アクセントが同じですが、話の流れから区別ができます。

7　(1)　a　②　　b　①　　　(2)　a　①　　b　②　　　(3)　a　②　　b　①
　(4)　a　②　　b　①　　　(5)　a　①　　b　②　　　(6)　a　②　　b　①
　(7)　a　②　　b　①　　　(8)　a　①　　b　②　　　(9)　a　①　　b　②
　(10)　a　①　　b　②　　　(11)　a　②　　b　①　　　(12)　a　①　　b　②

Ⅱ　　「声の調子」に気をつけて聴く

1　[例]　①　(1)　a　②　　b　①　　　(2)　a　①　　b　②　　　(3)　a　②　　b　①
　(4)　a　②　　b　①　　　(5)　a　②　　b　①　　　(6)　a　①　　b　②
　(7)　a　①　　b　②　　c　①　　d　②
　★「〜じゃない」は、イントネーションによってまったく反対の意味にもなります。
　　最後が上がっているかいないかがポイントになります。また、「いい先生」のどの
　　部分を強く言っているかによっても話し手の言いたいことが変わります。
　(8)　a　②　　b　①　　(9)　②　　(10)　②　　(11)　①
　(12)　①　　(13)　a　②　　b　①　　(14)　a　②　　b　①

2　b

3　(1)　a　①　　b　②　　　(2)　a　②　　b　①

話の展開を予測する

I　呼応する表現に注意して聴く　　　　　　　　　　　　　53

［基本練習］

1　次の会話を聴いて、後に何と続くか考えてみましょう。最後に言う「一応」ということばに注意して予想してください。

> 男：田中さん、この仕事、やってくれるかなあ。
> 女：最近、忙しいって言ってたからだめだと思うけど、一応

【解答】聞いてみましょう／聞いてみたら？／頼んでみたら？　等

　★「一応」は、役に立つかどうか分からないけれどやってみる、一時的な処置として間に合わせでやる、というようなときに使います。それが分かれば、田中さんに聞いてみるということにつながるでしょう。

2　次の話を聴いて、後に何と続くか考えてみましょう。「以前は」ということばと「最近では」ということばに注意して予想してください。　54

> 以前は、授業中におしゃべりする学生がたくさんいたもんだけど、最近では、

【解答】少なくなったね／全然いなくなったね　等

　★「以前は」に対する「最近では」ということばから、「おしゃべりする学生がたくさんいた」と異なる内容が話されることが推測されます。

［基本練習］

次の会話をイントネーションに注意して聴いてください。男の人は「そうだね」の後に何と言うか考えて適当だと思うほうを選んでください。

男の人と女の人の会話です。

1　女：今度の集まり、卒業生にも連絡しましょうか。

　　男：そうだねえ……。

　　　　① そうしよう。
　　　　② 今回は、いいんじゃないの？

2　女：今度の集まり、卒業生にも連絡しましょうか。

　　男：そうだね。

　　　　① そうしよう。
　　　　② 今回は、いいんじゃないの？

【解答】　　1　②　　　2　①

★1も2もイントネーションは下がっていますが、1では「そうだねえ……。」とゆっくり考えながら言っており、「ね」が長く発音され、相手に同意していない様子が感じられます。2の「そうだね。」は、速く短く言い、「ね」にアクセントがあり、相手に同意していることが分かります。

56

1　レストランについての会話

夫婦の会話です。夫は最後に何と言うでしょう。適当なほうを選びなさい。

女：今晩、どっか、食べに行かない？

男：うん、いいね。どこ行こうか。

女：バス停の前に新しくレストランできたでしょ。あそこ、どう？

男：あ、あそこは高いぞ。

女：あ、じゃあ、あそこは？　えーと、ほら、ガソリンスタンドの横の……。

男：ああ、あそこは

　　① いいかもしれないな。行ってみようか。

　　② おいしくないぞ。汚いし。

【解答】　①

★「ああ、あそこは」と速く短く言っており、相手に同意しています。

2　伊藤さんと山下さんの会話　ほか

1　伊藤さんと山下さんの会話です。山下さんは何と言うでしょう。適当なものを選んでください。

伊藤：山下さんにもぜひ、来ていただきたいんですが。

山下：せっかくですが……、

　　① 行かせていただきます。

　　② あしたは、忙しくてちょっと……。

　　③ ぜひ、行ってみたいですね。

【解答】　②

    ★「せっかくですが」というのは、断るときによく使う表現です。
　　また、下がりイントネーションになっていること、文全体の声の調
　　子からも、断りだということが想像できます。

2　夫婦の会話です。妻は何と言うでしょう。　 58

<hr>

夫：今日は、雨だよ。どうする？
妻：せっかく来たんですから、

　　①　残念ですね。

　　②　やめましょうか。

　　③　見て行きましょうよ。

<hr>

【解答】　③

    ★「せっかく」は、その事柄が話し手にとって価値が高いことを示す表
　　現です。「せっかく～から」という原因・理由を表すものでは、「～」
　　の部分に主観的な価値があります。その価値を無駄にしないために、
　　何かすることを希望したり勧めたりするときに使います。

部長と部下の会話です。部下は何と言うでしょう。適当なものを選んでください。

部長：新人の山田くん、もう1か月たつだろ。そろそろ仕事、任せてもいいん

じゃないか？　仕事をしながら新しいこと、覚えていくだろう。

部下：部長、そうはいっても、

① まだ、コピーも満足にとれませんよ。

② そろそろ任せましょうか。

③ もう、仕事を任せていますよ。

【解答】　①

★「そうはいっても」の「ても」に注意すると、あとに続く文は、
前半と反対の内容が述べられると推測されます。「そうはいっても」
のイントネーションからも、部下が、部長の意見に同意していない
様子が分かります。

おじいさんと孫の会話です。孫は何と言うでしょう。適当なものを選んでください。

祖父：こんな所に眼鏡、置いたの、だれだ？　踏みそうになったじゃないか。

孫　：だって、おじいちゃん、

① そんなに興奮しないほうがいいよ。

② 眼鏡、大切にしているからだよ。

③ そこに置いといてくれって、言ったでしょ。

【解答】　③

　　　　★「だって」は親しい間柄で、相手の発話に対して従わない理由を
　　　　　説明したり、言い訳をしたりするときに使います。

5　天気予報　 61

次は天気予報です。最後に何と続くでしょう。適当なものを選んでください。

> 今日は全国的に冬とは思えないような暖かな一日でした。これは、南にあった
> 高気圧がぐっと北のほうへ上がってきたためなんですね。明日はどうかと言いま
> すと、明日は今日とはうって変わって
>
> ①　暖かい日が続きそうです。
> ②　寒い一日となりそうです。
> ③　多少寒くなるかもしれません。

【解答】　②

　　　　★「うって変わって」に注意します。「うって変わって」の後には、まっ
　　　　　たく前とは変わってしまうことが述べられます。

6　映画館の係員と客の会話　 62

映画館の係員とお客さんが電話で話しています。係員は最後に何と言うでしょう。
適当なものを選んでください。

> 客　　　：すみません。ちょっと伺いますが、今やってる映画の上映時間
> 　　　　　を教えていただけますか。

映画館の係員：はい。11時、1時20分、3時40分、6時でございます。

客　　　　　：いつが込んでいますか。

映画館の係員：土、日ですと、6時の回以外は込みますが、平日ですと、

　　① どの回も込んでいます。

　　② 6時の回以外は込んでいます。

　　③ どの回も比較的楽にご覧いただけます。

【解答】　③

　　★「〜6時の回以外は込みますが、〜」の「が」に注意します。

7　お母さんと子供の会話

◎ 63

お母さんと子供の会話です。お母さんは最後に何と言うでしょう。適当なものを選んでください。

男の子：わあ、このアップルパイ、おいしそう。食べていい？

母　　：もう5時半よ。早く行かないと、塾、間に合わないわよ。

男の子：分かってるよ。ねえ、食べていい？

母　　：しょうがないわね。じゃ、

　　① 食べたくなったら、いつでもどうぞ。

　　② 早く食べて、行ってらっしゃい。

　　③ 冷蔵庫にしまっておきなさい。

【解答】　②

　　★「しょうがないわね」は「仕方がない」の意味で、消極的な許可を
　　　表しています。

［基本練習］

次の話を聴いて、後に何と続くか考えて、一番適当だと思うものを①②③から選んでください。

> 今は、手紙や電話で連絡するより、Eメールを使うことが多くなってるけど、メールって、気をつけなくちゃいけないですよね。こちらが出したものを勝手にほかの人に送られることがあるでしょ。うっかり変なこと、書けないですよね。
>
> だから、メールは、＿＿＿＿＿＿＿＿＿＿＿＿＿＿＿＿＿＿＿＿＿＿＿＿。
>
> ①　気楽な気持ちで出せるからいいですね。
> ②　ほかの人に見られてもかまわないと思って書いたほうがいいですね。
> ③　便利で、みんながよく使うんでしょうね。

【解答】　②

★「気をつけなくちゃいけない」「変なこと、書けない」などのことばから、プラスの話が続かないことが推測されます。

8　大家さんとタンさんの会話　　65

大家さんとタンさんの会話です。タンさんは最後に何と言うでしょう。適当なものを選んでください。

> タン：おはようございます。（猫の鳴き声）あっ、ミミ、おはよう。
> 大家：あら、おはよう。タンさん、いいところに来てくれたわ。
> 　　　今日何時ごろ帰る？
> タン：はあ、4時ごろだと思いますが、何か。
> 大家：いえ、実は急用で出かけなくちゃならないんだけど、問題は猫のことなのよ。

帰りが遅くなっちゃうと思うので……。

タン：①　いいですよ。わたしが餌やっときます。

　　　②　じゃ、電気をつけときましょう。

　　　③　猫はかわいそうですね。

【解答】　①

★「問題は猫のことなのよ」と先に言っていますから、「帰りが遅くなっちゃうと思うので」の後には、「餌をあげておいてほしい」という意味の依頼が省略されていることが分かります。

9　腰痛についての会話

66

会社の同僚同士の会話です。女の人は最後に何と言うでしょう。適当なものを選んでください。

男：おれ、最近腰痛がひどくってさー。

女：えっ、何が？

男：腰痛。

女：ああ、腰痛。腰、痛いの？

男：そう。年かなあ。

女：あのねえ、腰痛の原因って、ストレスなんですってよ。前にアメリカのお医者さんか何かが書いた本、読んだんだけど。

男：そうなの？

女：うん。お医者さんに、原因はストレスだろうって言われただけで、よくなっちゃう人が多いんだって。

男：へえー。そうか、ストレスねえ。やっぱり、おれ、ストレス多いもんな。じゃ、ストレスがない人は腰、痛くならないの？

女：うん、そう。今度、この人はストレスないだろうなって感じの人に、腰痛あ
　　るかどうか聞いてみて。

　　① たぶん、ないって言うから。
　　② たぶん、あるって言うから。
　　③ たぶん、ストレスがひどいって言うから。

【解答】　①

　　★腰痛がストレスに関係あると言っているので、答えは①になります。

10 子供のころから音楽好きで  67

ある人の話です。最後に何と続くでしょう。適当なものを選んでください。

　　わたしは、子供のころから音楽が好きでした。中学、高校になると、ラジオ
　から流れてくるヒット曲に夢中になりました。そうした歌を聴きながら、大人
　の世界へのあこがれを募らせていきました。大人になったら、わたしもこんな恋
　がしてみたいなあと。不思議なことに、あのころすてきに聞こえた曲は、今でも

　　① すっかり忘れてしまいました。
　　② 同じようにわたしの心に響いてくるのです。
　　③ 素晴らしく、わたしは音楽が好きになったのです。

【解答】　②

　　★「今でも」ということばから、前と同じ状態であることが予測でき
　　ます。

温暖化の話です。最後に何と続くでしょう。適当なものを選んでください。

地球の温暖化によって、熱帯や亜熱帯の昆虫が、日本の各地で見られるようになりました。

亜熱帯の蝶、ナガサキアゲハは、かつては九州や四国南部だけにいました。しかし、1950年に広島県、70年に岡山県、97年に静岡県、2000年には埼玉県や神奈川県などでも確認されているように、だんだん北の方でも見られるようになっています。

ナガサキアゲハが生息する最も北の地点で気温の変化を調べると、最も寒い月の平均気温は、50年前に比べ、

①　変わっていないそうです。
②　3度から4度高くなっていたそうです。
③　3度から4度低くなっていたそうです。

【解答】　②

ある人の話です。最後に何と続くでしょう。適当なものを選んでください。

僕は小学生のころ、裏の林の中に「秘密基地」を持っていた。そこは、僕だけのお気に入りの秘密の場所だった。父の仕事の関係で、うちの中には朝から晩まで大勢の人がいたので、僕は一人になりたいときいつもそこへ行って時間を過ごした。夏休みの間など、一日に何時間もその小屋の中で過ごしたこともあった。その小屋は僕にとって、

① もったいない場所だったのだ。

② どうでもいいような場所だったのだ。

③ 何よりも大切な場所だったのだ。

【解答】　③

13　ヒット商品 

ヒット商品についての話です。最後に何と続くでしょう。適当なものを選んでください。

新しく商品を開発して、ヒット商品となったものは、50パーセント以上の確率で業界トップを何年も維持するそうです。その後、真似されて、似たような商品がいろいろ売り出されるんですが、

① すぐ、別の商品が売上1位になるそうです。

② なかなか追い抜けないものらしいんですね。

③ どれも同じように売れるらしいです。

【解答】　②

コンピュータと仕事についての話です。最後に何と続くでしょう。適当なものを選んでください。

　コンピュータが導入され、職場や仕事の現場が変わりつつあります。アニメーション製作を例にとれば、コンピュータが得意とする、色を塗ったり、動画と背景を合成したりするような作業はコンピュータに任せて、人間は色やデザインを決めたり、もとになる動きや効果音を考えるといった

① これまでよりも単純な仕事を受け持つようになりました。
② より創造的で判断力を必要とされる領域を受け持つようになりました。
③ 時間のかからない仕事を受け持つようになりました。

【解答】　②

最近引っ越しをした女性の話です。最後に何と続くでしょう。適当なものを選んでください。

　アパートを借りるとき、通勤に1時間ぐらいの所、駅前に古い商店街があることが条件でした。以前に住んでいたアパートは、通勤時間が20分。便利なんですけど、近すぎて逆に気持ちの切り替えができなかったんです。残業が続くと24時間、仕事のことばかりになってしまいます。それで、

① 駅から自宅までの間に昔からの、和菓子屋とか、八百屋とかがあって、畑も見えるようなリフレッシュできる所に引っ越しました。
② 通勤に20分しかかからないアパートで、隣にコンビニがある所に引っ越しました。
③ 最近は仕事が忙しくて、土曜日にも仕事をすることになったので、近くてよかったです。

【解答】　　①

★ 「気持ちの切り替えができなかったんです」→「それで」というつながりから、答えは、気分をリフレッシュできる所になります。

7

図や絵や文字を見ながら聴く

1 交通事故　

次の1番、2番、3番の話を聴いて、その内容に合う適当な絵を①②③から選んでください。事故に関することばは話の中で説明されていますから、それを聴いてください。

1　おじさんと子供の会話です。

男の子：あれ、首、どうしたの？

おじ　：うーん、これね、この間 追突されちゃったんだよ。

男の子：追突って、なーに？

おじ　：前の車にぶつかることだよ。

2　親子3人の会話です。　

父　　：あーっ、今、高速道路は、入れないみたいだよ。

母　　：あっ、事故？

父　　：なんか、トラックが横倒しになって、荷物が全部道路に落ちちゃってるんだって。正面衝突らしいよ。

女の子：パパ、正面衝突って何？

父　　：ああ、まっすぐ前から来る車とぶつかっちゃうことだよ。

3　次は週間ニュースの中の事故の話です。

76

> 今週月曜日、高速4号線、上り線で玉突き事故がありました。大型トラックが渋滞中の車の列に突っ込み、12台が次々に前の車にぶつかりました。この事故で6台が炎上、4人が死亡するという惨事となりました。

【解答】　1　②　　2　①　　3　③

★1、2は「〜のことだよ。」という表現に注意して聴いてみましょう。何かことばを説明するときに使う表現です。3はキーワードが分からなくても、説明している部分がありますから、推測できるはずです。

2　温泉旅行

3人の友達が話しています。3人はどこの温泉に行くことができるでしょう。パンフレットの①②③④から選んでください。

> 女A：ねえ、温泉でも行きたいねえ。
> 女B：うん。そうだねー。温泉に行ってゆっくりしたいねー。
> 女C：うん。行こう。行こうよ。
> 女A：行こうか。いつ行ける？
> 女C：いつごろ？
> 女B：そーだなー、やっぱり3月ね。今からだと。
> 女A：じゃあ、何泊ぐらいする？
> 女C：わたしは、1か月以上前に言ってくれれば、3日間、休み、取れるわよ、いつでも。
> 女B：わたしは、火、水、金は仕事が入ってるんだ。
> 女A：わたしはウィークデーはだめだなあ。
> 女C：でも、どこにする？

女B：うーん、やっぱり、近いとこよねえ。2日くらいじゃあ。

女A：うん。じゃ、3月のツアーで探してみるわ。

【解答】　②

　　　★カレンダーから旅行に行くのに都合のいい日を選んでからパンフレットを見ると分かります。

3　フラワーパーク  78

話を聴く前に絵を見て話の内容を推測してください。
フラワーパークの人が、摘んだ花を長持ちさせるテクニックを話してくれました。話を聴いて、それぞれ①②③の絵から適当なものを選んでください。

インタビュアー：皆さん、春は、ドライブで、フラワーパークなどに出かけて、お土産に花を摘んで買って帰りますよね。さて、今日は、摘んだ花を長持ちさせる方法をフラワーパークの山田さんにお聞きしようと思います。山田さん、お願いします。切った花を長持ちさせる方法って何かありますか。

山田：そうですね。長持ちさせるには、切るときからが大事なんですね。つまり、花をいつ摘むかっていうことです。それは花によって違うんですよねえ。つぼみの時に摘むとかー、七分咲きの時に摘むとかー。その花の摘みごろっていうのが大事なんです。そうしたら、まず、摘み取った花は、新聞紙で包みます。花やつぼみが完全に隠れるようにしてくださいね。

インタビュアー：で、切り口は、ティッシュを濡らして包んだほうがいいんですね。

山田：あれ、みなさん、よくなさるんですよね。実はそうじゃないんです。花が早く開いちゃうんで、水は与えないほうがいいんで

—60—

す。でー、花束は、直射日光をさけて、寝かせて持ち帰って
ください。で、花瓶にさす前に花の切り口をですね、水の中で
切ってくださいね。切り口の面が広くなるように斜めに切ると、
水あげがよくなります。

【解答】　1　花の持ち帰り方　②　　　2　花の切り方　①
　　　　　3　花の切り口　①

4

時刻表

男の人と女の人が時刻表を見ながら話をしています。男の人は何時の電車に乗るでしょう。

男：あした、大宮に10時までに行かなくちゃならないんだけど、新宿何時ごろ
　　出ればいいかな。
女：大宮ねえ。大宮ならー。埼京線だね。快速に乗ったほうが早く行けるわよ。
　　快速なら30分ぐらいで着くから。あっ、あ、ちょっと待って。時刻表見て
　　みるから。えーと。9時台は3本あるわね。
男：ああ。そうだね。あっ、この川越行きの快速だね。うーん、23分のだとぎり
　　ぎりだからー、一つ前のにしようかな。

【解答】　9時5分
　　　★参考：電車は、1本、2本と数えます。

5 ビール

ビールの話です。話を聴いて①②③④のグラフから適当なものを一つ選んでください。

20年前の今日、さくらビールが「エキストライト」を発売し、たいへんヒットしました。発売前に消費者調査を行いましたが、消費者の好みが、ますます軽い味に変化しているという読みが当たった形となりました。以来順調にシェアをのばし続けて、年間販売量が一昨年には、1,200万ケースとなり、会社創業当初の販売目標だった年間100万ケースの12倍に達しております。そして今年のビール、発泡酒の総販売量は、ふじビールを抜いて40年ぶりにトップの座を取り戻しました。

【解答】　③

81

6 二番目に大切なもの

次の説明を聴いてください。①②③④はそれぞれどの国ですか。国名を書いてください。

いろいろな国の60歳以上の女性に、「あなたにとって大切なものは何ですか」と聞くとですね、どの国の人も、えー「家族・子供」という答えが圧倒的多数で一番になるようです。

ところがですねえ、「二番目に大切なものは何ですか」と聞くと、少し変わってきます。えー、グラフを見てください。日本、タイ、韓国、アメリカ、ドイツの60歳以上の女性に、二番目に大切なものを聞きました。それがこのグラフです。えー、家族や子供、宗教や信仰、友人や仲間、近所づきあい、国家、財産などが並んでいます。

えー、アジアの国では、財産をあげる人が多くなっていますが、アメリカ、ドイツはあまり多くありませんね。両国を比べると、アメリカでは、宗教をあげる人が多いのに、ドイツは、宗教や信仰より、友人、仲間を大切に思っている人が多いんですね。日本と韓国は、お隣同士の国ですが、ずいぶん違いますね。韓国は、財産の割合がほかのものと比べて多いようです。えー、日本は、宗教、信仰をあげる人が非常に少なく、近所づきあいが大変多いのが、特徴ではないでしょうか。

【解答】　①　日本　　②　アメリカ　　③　韓国　　④　ドイツ

7　記憶力テスト

男の人が、思い出しながら、部屋の説明をしていますが、間違っているところが2か所あります。下の部屋の絵を見ながら間違っているところに印をつけてください。

女：では、これから、記憶力テストをします。あなたは、さっき部屋に入りましたよねえ。その入った部屋の様子をできるだけ詳しく思い出して教えてください。

男：えーとですね、まず、部屋に入るとー、正面が窓でした。それでー、その前に……ああ、ソファーとテーブルが置いてありました。で、テーブルの上には、ウイスキーとー……コップがあったな。あっ、それから花も。それからソファーとテーブルの手前に、つまり入ってすぐの所に、そう、食卓といすがありました。いすは確か四つだったと思います。食卓の上にも花があったかな。食卓の横には食器棚が置いてあって、食器棚の上には何か、いろいろ物が置いてあったような気がします。えーっと、それから、あっ、そうそう。床に本が置いてありました。3冊。で、それはみんな開いたままで。それぐらいかな。

女：はい、ありがとうございました。だいたい合っていますが、2か所だけ違っていますね。

【解答】　④　　　　⑥

部屋の間取りを見ながら夫と妻が話しています。二人はどの部屋を見に行くでしょう。間取りの①②③④から適当なものを選んでください。

夫：せっかく新しくマンションを買うんだからさ、少しゆとりがほしいね。

妻：そうよねー。じゃあ、これかしら。

夫：うーん、これはー、ちょっと予算オーバーだなあ。それに、寝室と子供の部屋が一つあればいいんだから、こーんなに部屋はいらないよ。えーと、これは、部屋が、リビングのほかにちょうど二つだね。

妻：あっ、でもこっちとこっちは和室があるわよ。お父さんとお母さんが来たとき、泊まれるし、和室があるほうがいいんじゃない？

夫：じゃあ、これかなあ。これは、角だし、いいかもしれない。あっ、でもこれは南向きじゃないなあ。

妻：それは困るわ。

夫：そうすると、これかあ。ちょっと高いけど、でも、これを見てみようか。

【解答】　③

次はある教授の講演です。話を聴いて、話の内容を正しく表している図を下の①②③から適当なものを選んでください。

　さて、本日はこのようなお話の機会を与えてくださいまして本当にありがとうございます。

　えー、それで何を話そうかといろいろ考えましたが、本日は、脳の働きについて、ちょっとお話したいと思います。

えー、脳は、人間の体の中でも神秘的な器官です。つまりまだ解明されていない部分が数多く残されているわけなんですね。人間は、一般的に、生活しているとき脳の３パーセントから５パーセントぐらいしか使っていないと言われております。

みなさま、ここで図をちょっとご覧ください。この「脳のしわ」、えー「顔のしわ」みたいな「しわ」ですね、この「脳のしわ」といわれる大脳半球は、このように左右、「右」と「左」に分かれています。で、「右」と「左」は、それぞれ異なる活動を行っているんですね。まず、左側の脳、つまり左脳は言語脳と呼ばれていまして、言語、概念、ま、考えといいましょうか、論理的思考などを司って、えー、まあ、論理的な働きをする場所なんです。で、一方、右脳、右の脳は、イメージ脳と呼ばれております。イメージ、図形、直感的思考、えー、直感的なものは、こちらの働きなんです。

つまり、左脳は理性的な面、右脳は感情的な面を主に司ってるわけなんですね……。

【解答】　①

地中の温度の変化について話しています。話を聴いて、①②③④のグラフから適当なものを一つ選んでください。

えー、地面に近い地中の温度は、昼と夜、また季節によって変わります。しかしですね、地下20センチぐらいになりますと、昼、夜の変化がなくなるんです。そして季節の変化もですね、20メートルぐらいの深さでなくなってしまうんです。

これより深いところでは、深くなればなるほど、温度は上昇します。えー、だいたい深さが100キロメートルになると地下の温度は1,000度以上にも達する、ということになりますが、このまま、同じように変化するわけではなく、地下に深く行けば行くほど、地下の温度の上 昇 率は小さくなると考えられてるんです。
　では、地球の一番深いところの温度は何度ぐらいかということですが、これについては、まだ、確実なことは分かっていませんが、おそらく、えー、何千度にもなるだろうと推測されています。

【解答】　③

　　　★グラフの深さの単位は、キロメートルであることに注 意してください。話の初めの部分はグラフに現れてきません。「温度の上 昇 率は、深くなるほど小さくなる」というのは、グラフ上では温度の上 昇カーブはゆるやかであまり変化していないということです。

11　地 球の温暖化

女性の部 長と男性の部下が話しています。男の人が今、実際にやっていること、これからやろうとしていること、できないと思っていることはそれぞれどれですか。（　　）の中に番号を入れてください。

女：へーえ、これ、政府が発 表した国民の努 力目 標ですって。二酸化炭素削減のための。

男：ふーん、何だって……。駐 停車時はエンジンを切る……、歯磨き、洗顔 中は水を止める……。そうですね、わたしは、これはもう実行していますね。車のエンジンは止まった時は必ず切るようにしてますよ。それから、歯を磨くときや顔を洗うときも、気をつけて水を止めてますよ。

女：でも、これ、減らせる量は少ないのね。といって、そう思ってみんながしないと、またどんどん増えるのよね。

男：えーっと、……あっ、電子レンジね。妻が古くなったから新しいの買いたいって言ってましたね。わたしも買ってもいいと思ってたんですよ。古い電気製品って、電力 使うんですよね。……食 器洗い機は結構お湯の節約になるんですね。うーん、これ、買おうかな。皿洗いはわたしもよくやるから、わたし自身も楽になるかもしれないし。

女：あっ、いいんじゃない。

男：テレビを見る時間を減らすねえ、どうかなあ。うちは、別に見たくもないものをダラダラ見てるってわけじゃないですから。見たいときには見るし、見たくないときには見ないし。

女：うちもそうね。よく、見てもいないのに、ただつけておくっていうところあるけど、あれ、いやねえ。

男：家族が同じ部屋でだんらんっていうのも、実現性はないでしょうねえ。でも、これが一番減らせる量が多いのか……。問題は子供ですよね。うちの子だって、だからって、「はい、お父さん、お母さん、一緒にお話しましょ」なんてことは、ありえませんからね。

【解答】　　1（①）（②）　　　2（⑤）（⑦）　　　3（⑧）（⑨）

大意をつかむ　2

---

1 駅のアナウンス  88

次のアナウンスを聴いて、正しいものを一つ選んでください。

　8時10分ごろ、向ケ丘遊園、生田間で、線路の亀裂が発見されました。点検のため、新宿、向ケ丘遊園間と、小田原、新百合ケ丘間で折り返し運転を行なっております。

【解答】　②

★キーワードは「折り返し運転」です。

---

2 発見  89

次の話は何についての話ですか。キーワードを聴き取り、適当なものを一つ選んでください。

　奈良県にある古墳から、新たに壁に描かれた絵が発見されました。見つかったのは、頭の部分が動物で、頭から下の体の部分が人間の形をした絵です。顔はトラか、あるいはネズミのように見えるということですが、体の部分には戦いによ

く着る黒っぽい服が描かれています。このように半分が動物で半分が人間である絵は、中国や朝鮮半島の王様のお墓からも見つかっており、これらの動物は、お墓に眠っている人を守ってくれる神、すなわち守護神ではないかと考えられています。

【解答】　③

　　　★古墳ということばがキーワードになっていますが、このことばが分からなくても「お墓」「見つかった」ということばからも推測ができると思います。

3　電子メール　　　　　　　　　　　　　　　　　　　　90

次はラジオのお知らせです。どんな内容ですか。正しいものを一つ選んでください。

　　教育記事を無料配信しているメールマガジン「たいよう教育メール」では、来月から教育相談を受け付けます。回答者は、桃山大学教授の前山明彦氏、教育評論家の麻田一氏など、最前線で活躍している教育の専門家の方々です。また、心の問題を担当する精神科医もいます。相談は、無料で、電子メールで24時間受け付けます。

【解答】　③

　　　★キーワードは　「教育相談を受け付けます」です。

部長と秘書が話をしています。よく聴いて、質問に答えてください。

部長：14日からの台湾出張だけど、もう飛行機、押さえてくれた？

秘書：はい、成田発11時です。

部長：えっ、11時？

秘書：はい。これですと、お宅を7時過ぎに出れば、大丈夫だと思いますが。

部長：うーん、確か、前の日に大阪出張から戻って来るんだったね。

秘書：はい。

部長：ちょっと早いなあ。もう少し遅いの、取れないかなあ。

秘書：15時ちょうどという便があります。じゃあ、これに変更なさいますか。それともー、東京に戻らず、大阪で1泊して、関西空港から直接行かれますか。

部長：うん、それも手だな。でも、そうすると荷物が多くなるなあ。

秘書：要らない荷物は、宅配便でお宅へ送られたらよろしいんじゃないでしょうか。

部長：そうだな……。じゃ、それでいこう。

秘書：はい、分かりました。えーと、では、関西空港発午前11時30分の便はいかがでしょうか。

部長：ちょうどいい。それにしよう。

秘書：はい。14日、関西空港発11時30分の飛行機ですね。……あ、すみません、部長。今スケジュールを確認したところ、大阪から戻られるのは12日でした。1日間違えました。申し訳ありません。

部長：そうか。うーん、じゃ、初めに君が取ってくれたのにしよう。

秘書：はい、分かりました。

【解答】　1　①台湾　②大阪　　2　(1)②　　(2)③

次はコインの意外な使い方についての話です。よく聴いて、質問に答えてください。

日本にも60階、70階の超高層ビルが多くなりましたよね。超高層ビルというと高さが300メートル近くで、エレベーターも大変なスピードになりますね。ビルの最上階まで、1分足らずで上がるスピードなんだそうです。本当に速いですよね。でも、そんな高速のエレベーターでも、乗り心地がよくなければなりませんね。ですから、乗り心地がよりよいものを作るために、いろいろな現代のハイテク技術が使われて、いろいろな実験がされたと思います。

　おもしろいことに、そんなエレベーターの最後の試運転には、10円玉が使われたんだそうです。

　この10円玉、どのように使われたと思いますか。床に10円玉を立てて、エレベーターが上がったり下がったりするときに揺れの大きさをチェックしたんだそうです。「コインテスト」と呼んでいたそうですけど、この立てた10円玉が倒れないようなエレベーターを作ったんですね。高層ビルのエレベーターを作るのに、コインが倒れないような揺れの少ないエレベーターというのもびっくりですけど、最後のチェックを10円玉でというのも、驚いてしまいますね。

【解答】　　1　ビル、エレベーター、スピード、乗り心地、10円玉、コイン、揺れ、倒れない、チェック

　　　　　　2　エレベーターの最後の試運転のときに10円玉を使って揺れをチェックすることです。

次は、最近、都心で問題になっているカラスの話です。よく聴いて、質問に答えてください。

　えー、最近、都心の住宅地でカラスが問題になっています。都会に住むカラスが増えてくるにつれ、カラスに襲われたという被害届も同じように増えています。えー、で、この被害届を1年を通してみると、5月6月が最も多くなっているんです。

　ある小学生の男の子は、学校の帰りに突然カラスに襲われ、転んで足を骨折してしまいました。この小学生はですね、2、3日前に、友達と野球をしていて、バットで打ったボールがカラスの巣に飛んで行ったことがあったんだそうです。そのことをカラスが覚えていて、この小学生を襲ったのだろうということです。また、ある主婦は、洗濯物を干すときに近くにカラスがいたので、怖くて物干し竿でカラスを追っ払ったところ、それ以後、洗濯物を干すたびに、カラスに後ろから頭をつつかれるようになったということです。カラスは、頭がいいと言われていますから、記憶力もいいのでしょうか。

　えー、では、なぜカラスによる被害は、5月6月が一番多いのでしょうか。それは、カラスの子育てと関係があるそうです。カラスが卵を産んで子供を育てるのがこの時期なのです。ですから、カラスが人を襲うのは、えー、カラスが自分の子供を守るためなのだということです。

【解答】　1　カラス、襲う（襲われる）、増える、5月、6月、多い、子供、育てる、洗濯物、干す

　　　　　2　カラスが一番多く人を多く襲うのは　5、6月　ごろです。
　　　　　　カラスはそのころ　卵を産む／子供を育てる　ので、　子供を守る　ために人を襲います。

お父さんと子供の会話です。よく聴いて、質問に答えてください。

女の子：あれー、この写真、おじいちゃん？　何で赤い帽子とベスト、着てんの？

父　　：あ、これね。おじいちゃんの誕生日の写真。これベストじゃなくて、

　　　　ちゃんちゃんこっていうんだよ。

女の子：何で誕生日にこんなの着てるの？　もう暑いのに。

父　　：60歳の誕生日だから赤いのを着てるんだよ。

女の子：何でー？

父　　：えーと、昔の中国ではね、人間は、この世では60年が一つのサイクル

　　　　で生きてるって考えられてたんだよ。60年で一回りしてサイクルが一つ

　　　　終わって、また新しく生まれ変わるっていう意味なんだ。つまり、もう

　　　　一度赤ん坊に戻るってことなんだよ。だから60歳の誕生日は特別なん

　　　　だ。それで赤い帽子やちゃんちゃんこを贈るんだよ。

女の子：ふーん。

【解答】　　1　写真、赤い、帽子、ベスト、誕生日、ちゃんちゃんこ、60歳、60

　　　　　　　年、サイクル

　　　　　　2　(1)　60歳の誕生日

　　　　　　　　(2)　人間は、60年で一回りしてサイクルが一つ終わると考えられ、

　　　　　　　　　　60歳の誕生日は　もう一度赤ん坊に戻る　という意味だから

　　　　　　　　　　です。

次は、ごまの話です。よく聴いて質問に答えてください。

みなさん、ごまを知っていますか。小さい粒の食べ物で、黒い色をした黒ごまとか白い色の白ごまとかがあるんですね。

日本では、黒ごまは、えー、お赤飯を食べるとき塩と一緒にまぜてかけます。また、あのー、ごま和えという料理もあります。いったごまを擦って、しょうゆと砂糖とだしなどを入れて、ほうれん草やインゲンなどの野菜とまぜて食べます。あれは、とてもおいしい料理なんですよ。

え、ごまは、とっても小さいものですが、たんぱく質が豊富で栄養もあるんですよ。

ところで、ごまは、いつごろどこから来たか知っていますか。中国からだ、と思いますか。もちろん中国を通って来ていますが、もっと、西のほうから来ています。えー、インドからという話もよく聞きます。が、実は、熱帯アフリカが原産地なんだそうです。いつごろ日本でよく使われるようになったかと言いますと、えー、仏教伝来がきっかけなんだそうです。仏教が入って来たことによって、えー、精進料理、つまり肉類を使わない料理を食べるようになりました。肉類からたんぱく質が取れないので、たんぱく質が豊富なごまを食べるようになったというわけなんです。

【解答】　1　ごま、塩、お赤飯、たんぱく質、中国、仏教、肉類、豊富、料理

　　　　　2　(1)　熱帯アフリカ

　　　　　　　(2)　仏教

　　　　　　　(3)　精進料理 を食べるようになったので、たんぱく質が豊富な ごまを食べるようになりました。

　　　　　　　　　★精進料理は肉類を食べないので、普通は肉や魚から取るたんぱく質をごまや大豆から取ります。

子供とお父さんが太陽系の星について話しています。よく聴いて質問に答えてください。

男の子：ねえ、おとうさん、地球以外の星にも海ってあるの？

父　　：うーん、そうだなあ。太陽系の星の中では、地球だけだろうね。地球
　　　　の海のように水がある海というのはね。

男の子：太陽系って？

父　　：太陽を中心として、家族みたいにいくつかの星が集まっているんだ。
　　　　ほら、火星とか、水星とか、木星とか……。

男の子：あ、それは学校で習ったよ。九つの星が太陽の周りを回ってるんでしょ。

父　　：ああ、そうだよ。水星や金星は太陽に近すぎて、水分はみんな水蒸気
　　　　になって蒸発してしまうんだ。それから、地球より太陽から遠い火星
　　　　の場合は、逆に寒くて水は全部凍っちゃうんだ。

男の子：ふーん。じゃ、月は？

父　　：月か。月にもないな。重力が小さすぎて、月ができたとき、周りに
　　　　水分が残らなかったみたいだよ。

男の子：じゃ、地球が一番いいね。

【解答】　1　太陽を中心として家族のようにいくつかの星が集まってい
　　　　　　るもの

　　　　　2　(1)　太陽に近すぎて、水分は水蒸気となって蒸発してしまう
　　　　　　　　　から。

　　　　　　　(2)　寒くて、水が全部凍ってしまうから。

　　　　　　　(3)　重力が小さすぎて、水分が残らないから。

禁煙と携帯電話はどんな関係がありますか。この二つの関係に注意して話を聴いてください。

皆さんは、禁煙したことがありますか。ま、いろいろな方法を試しても、長続きさせたり、成功させたりするのが難しいようですね。そこで朗報ですが、携帯電話で禁煙を支援するシステムがあるそうです。

このシステムはですね、携帯電話のインターネット接続で、え、参加者が毎日画面の質問に答えるんです。そしてたばこが吸いたくなった時はですね、ＳＯＳを発信すると、その人に合った具体的なアドバイスが表示されるわけです。

調査の結果、平均で、えー、およそ67日たった時点での禁煙継続率、つまり禁煙が続いた率は平均で61パーセントだそうです。病院の禁煙外来の禁煙継続率が3割から5割だそうですから、ま、成功率は高いと言えるかもしれませんね。

なかなかたばこが止められなくて困っている方は、試されてはいかがでしょうか。

【解答】　1　携帯電話 で、禁煙 を 支援する システムがある。

　　　　　2　a

　　　　　3　成功率は、病院（の禁煙外来）より高い。

ことばの説明に注意して、次の話を聴いてください。

「なかしょく」ということばをご存じでしょうか。「なかしょく」、あの、家庭で調理して食べる食事が「家庭内食」、レストランなど、家庭の外で食べる食事が「家庭外食」ですね。そしてその中間のものが「中食」というわけです。つまり調理済みの料理を買って、家庭で食べるものなんですね。

　で、今、その中食産業が盛んです。惣菜の専門店やデパートの地下の食料品売り場、いわゆる「デパ地下」でですね、とても人気があります。そこで売っている調理済みの惣菜は、煮物や揚げ物、サラダなど、家庭料理ばかりでですね、量も一人前からと、え、好きなものを好きなだけ買えるようになっています。

　で、どんな人達が買うのかと言いますと、単身サラリーマンや独身のＯＬ、仕事をしている主婦だけじゃなくて、専業主婦も利用しているんです。

　えー、家庭では、ほんの少しの量のためにだけ料理するのが面倒な物や、あの、何か一品足りないときなどに、気軽に買えるのが便利なようです。

【解答】　1　中食

　　　　　2　デパ地下

　　　　　3　調理済みの料理 を買って 家庭 で食べるものです。

　　　　　4　(1)（○）　　(2)（○）　　(3)（×）　　(4)（○）

Made in Korea